W0070449

Denkmalfibel

Hinweise zu Denkmalschutz und Denkmalpflege in Bayern

Bearbeitet von
Werner Schiedermair und Jutta Scherg

Bayerisches Staatsministerium für Unterricht, Kultus,
Wissenschaft und Kunst

Gefördert mit einer Spende der Hypo-Kulturstiftung,
München

Herausgeber
Bayerisches Staatsministerium für Unterricht, Kultus,
Wissenschaft und Kunst, München

Verantwortlich für den Inhalt:
Werner Schiedermair und Jutta Scherg

Abbildung auf S. 2

1 Ehemals fürstbischöfliche, dann königliche Residenz in Würzburg, 1720 bis 1744 von Balthasar Neumann unter Mitwirkung von Johann Dientzenhofer, Maximilian von Welsch, Johann Lucas von Hildebrandt, Robert de Cotte und Germain Boffrand errichtet. Reicher bildhauerischer Schmuck. Hofgarten. Die Würzburger Residenz ist ein Baudenkmal von Weltgeltung (Weltkulturdenkmal).

CIP-Titelaufnahme der Deutschen Bibliothek
Denkmalfibel: Hinweise zu Denkmalschutz und Denkmalpflege in Bayern/[Hrsg. Bayerisches Staatsministerium für Unterricht, Kultus, Wissenschaft und Kunst]. Bearb. von Werner Schiedermair und Jutta Scherg. – München: Callwey, 1991
ISBN 3-7667-0868-6
NE: Schiedermair, Werner [Bearb.]; Bayern/Staatsministerium für Unterricht, Kultus, Wissenschaft und Kunst

© 1991 by Bayerisches Staatsministerium für Unterricht, Kultus, Wissenschaft und Kunst, München
Verlag Georg D. W. Callwey, München
Alle Rechte vorbehalten, auch die des auszugsweisen Abdruckes, der photomechanischen Wiedergabe und der Übersetzung
Umschlaggestaltung Baur + Belli Design, München
Lithos Fotolito Longo, Frangart/Bz., Italien
Gesamtherstellung
Ludwig Auer GmbH, Donauwörth
Printed in Germany
ISBN 3-7667-0868-6

Inhalt

RESTAURIERUNG VON KUNST- UND KULTURGUT 121

ALLGEMEINE FINANZIERUNGSFRAGEN 153

ANHANG 169

Geleitwort

Sehr geehrte Leserin,
sehr geehrter Leser,

Denkmalschutz und Denkmalpflege zählen heute zu den wichtigsten Aufgaben des Staates auf kulturellem Gebiet. Gerade in einer Zeit, in der das Bewußtsein der Öffentlichkeit für den Schutz der natürlichen Lebensgrundlagen in hohem Maße sensibilisiert ist, kommt dem Anliegen der Bewahrung unseres gebauten oder im Boden verborgenen historischen Erbes besondere Bedeutung zu. Die Bayerische Verfassung hat dem hohen Rang von Denkmalschutz und Denkmalpflege Rechnung getragen und verpflichtet den einzelnen wie die ganze staatliche Gemeinschaft zu Schutz und Pflege der Natur- und Kulturgüter.

Das war nicht immer so. Über Jahrhunderte hinweg ist die Menschheit größtenteils sorglos mit den Zeugnissen der Vergangenheit umgegangen. Erst im 19. Jahrhundert schlug, getragen von einem verstärkt aufkommenden Geschichtsbewußtsein, die Geburtsstunde von Denkmalschutz und Denkmalpflege. In Bayern war es König Ludwig I., der 1835 mit der Errichtung einer »Generalinspektion der plastischen Denkmäler des Reiches« den Grundstein für die staatliche Denkmalpflege legte. Aus der Generalinspektion ging später das »Königliche Generalkonservatorium« hervor, das seit 1917 »Landesamt für Denkmalpflege« heißt. Eine wichtige Zäsur brachte das Jahr 1973 mit dem Erlaß des Bayerischen Denkmalschutzgesetzes und der Einrichtung der Denkmalschutzbehörden. Spätestens seit dem Europäischen Denkmalschutzjahr 1975 unter dem einprägsamen Motto »Eine Zukunft für unsere Vergangenheit« hat sich der Gedanke von Denkmalschutz und Denkmalpflege ganz allgemein durchgesetzt.

Seither sind Fragen der Denkmalpflege nicht mehr exklusiver Diskussionsgegenstand einiger weniger Fachleute, sondern beschäftigen viele Bürger quer durch alle Regionen und Berufe. Denkmalpflege ist demokratisch geworden. Das belegen nicht nur ihre zahllosen ehrenamtlichen Helfer als Heimatpfleger in Vereinen, Verbänden oder in engagierten Bürgerinitiativen. Auch der Denkmalbegriff hat sich gewandelt und einem breiteren Verständnis geöffnet. Das Interesse gilt nicht mehr in erster Linie dem kunsthistorisch bedeutenden Schloß oder der stimmungsvollen Kirche; ein schlichtes Bürgerhaus oder das einfache bäuerliche Anwesen ebenso wie bauliche Zeugnisse des Handwerks und der Technikgeschichte können Denkmaleigenschaft besitzen. Entscheidend ist immer, ob an ihnen Geschichte exemplarisch deutlich wird. Mit der Anbindung des Denkmalbegriffs an diese allgemein-historischen Gesichtspunkte hat sich die Zahl der in Bayern geschützten Baudenkmäler auf mehr als 110 000 Objekte vermehrt. Die Archäologie kennt mehr als 10 000 eingetragene Bodendenkmäler.

Denkmalpflege geht uns alle an, weil sie jedem von uns etwas zu sagen hat. Sie hilft uns, Vergangenheit für unsere heutige Zeit verständlich zu machen. Wer aus der Geschichte lernen will, muß Geschichte erleben können. Durch die Erhaltung des historischen Erbes bewahren wir uns und künftigen Generationen Einblicke in die Lebens- und Arbeitsbedingungen früherer Epochen. Denkmalpflege leistet einen wichtigen Beitrag, den eigenen Standort zu finden. Sie schafft Identifikation des einzelnen mit sich selbst, seiner Umwelt und mit der Gesellschaft, in der er lebt.

Zu einer demokratisch verstandenen Denkmalpflege gehören auch Information und Öffentlichkeitsarbeit. Wer mitdiskutieren will, muß wissen, um was es Denkmalschutz und Denkmalpflege geht. Die vorliegende Denkmalfibel will über Ziele und Aufgaben von Denkmalschutz und Denkmalpflege informieren, Interesse für ihre Methoden und Arbeitsweisen wecken und den Zugang zu dieser Materie erleichtern.

An dieser Stelle sei allen gedankt, die bei der Entstehung dieses Bandes mitgewirkt haben: den Mitarbeiterinnen und Mitarbeitern des Bayerischen Staatsministeriums für Unterricht, Kultus, Wissenschaft und Kunst und des Bayerischen Landesamts für Denkmalpflege für die Erarbeitung der inhaltlichen Beiträge, der Hypo-Kulturstiftung für die finanzielle Unterstützung sowie dem Callwey Verlag München für die redaktionelle Betreuung.

Wir wünschen dem Band eine gute Aufnahme und hoffen, daß er zu einer noch tieferen Verankerung der Anliegen von Denkmalschutz und Denkmalpflege in der Öffentlichkeit beiträgt.

München, 1. November 1990

Hans Zehetmair
Staatsminister

Dr. Otto Wiesheu
Staatssekretär

Dank

Für die freundliche Mitarbeit wird insbesondere gedankt:

Dr. Claus Arendt, Dr. Christian Baur, Dr. Dagmar Dietrich, Erwin Emmerling, Armin Greger, Hannelore Herrmann, Dr. Erwin Keller, Dr. Hans-Wolfram Lübbeke, Dipl.-Ing. Gert Mader, Dr. Hannelore Marschner, E. Josef Mayer, Dr. Michael Mihatsch, Dipl.-Ing. Sigrid Patellis, Prof. Dr. Michael Petzet, Jürgen Pursche, Dr. Jutta Scherg, Dr. Werner Schiedermair, Dr. Bernd Vollmar, Dipl.-Ing. Paul Werner.

Einführung in Denkmalschutz und Denkmalpflege

Wer mit wachen Augen durch Bayern mit seinen historischen Städten reist, vorbei an schmucken Bauernhäusern, malerischen Kirchen, mächtigen Klöstern und trutzigen Burgen, freundet sich schnell mit dem Gedanken an, daß vieles, was in vergangener Zeit geschaffen wurde, auch heute noch erhaltenswert und als Denkmal zu schützen ist. Die Gesamtheit der Tätigkeiten, die der Bewahrung unseres Denkmälerbestands dient, wird mit dem Begriffspaar »Denkmalschutz und Denkmalpflege« bezeichnet. Denkmalschutz und Denkmalpflege sind in Bayern durch das Bayerische Denkmalschutzgesetz geregelt.

Die Abbildungen 2 mit 10 machen die Breite des Denkmalbegriffs deutlich.

◁ 2 Burg Spielberg. Mittelalterliche Höhenburg mit ovaler Zwingermauer und innerem Bering, Wohnbauten, Schloßkapelle, Glockenturm, Wirtschaftsgebäuden und Remisen, in Gnotzheim, Lkr. Weißenburg-Gunzenhausen.

3 Baudenkmal. Offener Rundumkaser auf der Bindalm, Gmde. Ramsau, Lkr. Berchtesgadener Land, 18. Jahrhundert.

Fünf Fragen an die Denkmalpflege

Ein Denkmal – was ist das eigentlich?

Bayern besitzt einen reichen Schatz an Denkmälern, und diese faszinieren nicht immer nur durch ihren ästhetischen Wert oder ihre Altehrwürdigkeit, sondern vor allem durch ihre geschichtliche Zeugnisfunktion. Sie regen zum Nachdenken über vergangene Zeiten und über die Zeit, in der wir leben, an.

Wir unterscheiden verschiedene Denkmalgruppen:

□ Baudenkmäler

Baudenkmäler sind bauliche Anlagen aller Art, wie Burgen, Schlösser, Kirchen, Stadtmauern, Bürgerhäuser, Bauernhöfe, Scheunen, sogar Brücken und Industrieanlagen, Flurkreuze, Marterl (Bildstöcke), Grenzsteine.

5 Baudenkmal. Traunsteiner Gebirgshaus, datiert 1762, im Kern wesentlich älter. Beispiel für das »Geschichtsdenkmal«, das heute im Mittelpunkt der Bemühungen der Baudenkmalpflege steht.

◁ 4 Baudenkmal. Walhalla bei Donaustauf. Klassizistischer Ruhmestempel in hervorragender landschaftlicher Lage. 1830 bis 1842 nach Plänen von Leo von Klenze von König Ludwig I. von Bayern mit Ausstattung erbaut.

6 Baudenkmal. Rathaus in Sulzfeld am Main. Reicher Renaissancebau mit Volutengiebel von Peter Meurer. Um 1609 vollendet. Die Mariensäule vor dem Rathaus ist 1724 bezeichnet.

◁ 7 Baudenkmal. Schwedenweg. Zug der Stadtmauer mit Wehrturm in Augsburg, 15.–17. Jh.

8 Baudenkmal. Grabstein auf dem Osten-Friedhof in Eichstätt. Jurakalkstein. ▷

9 Baudenkmal. Zehentstadel, 18. Jh., in Pless, Lkr. Unterallgäu. Satteldachbau. Giebel durch Gesimse geteilt.

◁ **10** Baudenkmal. Ehemaliges Benediktinerkloster Heilig Kreuz in Donauwörth. Heute Internat und Kloster der Herz-Jesu-Missionare. Bedeutende Vierflügelanlage mit zwei Innenhöfen. Errichtet 1680 ff. und 1696/1700. Um 1780/90 um ein Stockwerk erhöht.

Auch historische Gartenanlagen können Denkmalcharakter haben. Hierzu zählen nicht nur gartenkünstlerisch gestaltete, durch Mauern, Treppen, Terrassen und Wege gegliederte Parks bedeutender Burgen oder Schlösser; auch schlichte Gärten von Guts- oder Bürgerhäusern bis hin zu kleinen Bauern-, Pfarr- oder Schulgärten können denkmalpflegerisch von Interesse sein. Bei den Bemühungen um ihre Erhaltung sind neben den denkmalpflegerischen Anforderungen auch ökologische Belange zu berücksichtigen.

11 Gartenanlage. Hofgarten des ehemaligen fürstbischöflichen Sommerschlosses in Veitshöchheim. Seit dem 17. Jh. Fasanerie. 1702 bis 1703 wohl nach Plänen von Antonio Petrini zum Lustgarten umgestaltet. 1763 bis 1768 durch Johann Philipp Geigel in die endgültige Form gebracht.

12 △ 13 ▽

□ Technische Denkmäler

Unter den Baudenkmälern gelten »Technische Denkmäler« als ein erst neu entdeckter Typus.

Mit »Technischen Denkmälern« ist diejenige Gruppe von Gegenständen gemeint, die für Handwerk und Industrie entstand und zugleich deren Produkt war.

Verkehrsanlagen wie Eisenbahnstrecken, Kanäle und Brücken sind solche Technischen Denkmäler, auch Anlagen der Energieversorgung mit Gas und Strom, der Wasserversorgung sowie Fabrikationsstätten von Industrie- und Konsumgütern. Da die Ansiedlung von Industrie zu Stadterweiterungen geführt hat, können z. B. auch Arbeitersiedlungen Denkmaleigenschaft aufgrund ihrer industriegeschichtlichen Bedeutung besitzen. Manchmal sind größere Baukomplexe als Denkmal einzustufen. So ist eine Fabrikanlage durch ihre Vielteiligkeit von Gebäuden und technischer Ausstattung bestimmt. Im Extremfall kann aber auch die einzelne erhaltene Kraftmaschine oder Gerätschaft selbst Denkmal sein.

12–14 Technische Denkmäler. Altmühl- bzw. Ludwigskanal und Ludwig-Süd-Nord-Bahn (Viadukt).

◁ **12** Schleuse 13 bei Griesstetten/Dietfurt, Lkr. Neumarkt i. d. Opf.

◁ ▽ **13** Ludwig-Süd-Nord-Bahn (Viadukt), bei Oberwurmbach, Gmde. Gunzenhausen, Lkr. Weißenburg-Gunzenhausen.

14 Ludwigskanal mit Schleuse 18 bei Ottmaring, Lkr. Neumarkt. ▽

☐ Ensembles

Ensemble nennt man eine Gruppe von Gebäuden, die zusammen ein historisches Orts-, Platz- und/oder Straßenbild darstellen und deshalb als Ganzes erhaltungswürdig sind. Dabei ist zu beachten, daß einzelne Gebäude innerhalb eines Ensembles zwar Denkmaleigenschaft besitzen können.

Doch gibt es auch viele Gebäude in Ensembles, die für sich allein keinen Denkmalcharakter haben und trotzdem als Ensemble-Bestandteil unter Denkmalschutz stehen. Ein Ensemble können z. B. eine Schloßanlage, ein Straßenzug, ein Platz oder ein ganzer Stadtkern darstellen.

15 Ensemble. Ortsteil Effelter, Gmde. Wilhelmsthal, Lkr. Kronach. Das Ensemble stellt ein Musterbeispiel für eine wohl schon im späten 13. Jh. planmäßig angelegte Siedlung dar. ▽

16 Ensemble. Marktplatz in Miltenberg am Main. Im 13. Jh. gewachsener Hauptplatz mit Renaissancebrunnen, überragt von der Mildenburg. Gestaffelte, spätgotische, reiche Fachwerkhäuser. ▷

□ Historische Ausstattungsstücke

Historische Ausstattungsstücke sind vor allem mit dem Bauwerk fest verbundene Gegenstände wie z. B. Altäre, Kirchengestühl, Wandverkleidungen, Fresken, u. U. auch bewegliche Sachen, die für das jeweilige Gebäude geschaffen wurden und seine Geschichtlichkeit mitprägen. Sie werden in Verbindung mit dem Baudenkmal, in dem sie sich befinden und dessen Bestandteil sie bilden, geschützt.

□ Bewegliche Denkmäler

Bewegliche Denkmäler sind z. B. Gemälde, Skulpturen, Möbel, Bücher oder Urkunden, also nicht ortsfeste Gegenstände, soweit sie nicht zu den historischen Ausstattungsstücken zählen. Ferner können auch schienengebundene Fahrzeuge (z. B. Lokomotiven) und Schiffe Denkmalcharakter besitzen.

◁ **17** Ausstattung. Fresken- oder Speisesaal in Schloß Birkenfeld in Unterfranken. Reiche, wandfeste Ausstattung von 1774 mit Fresken von Johann Franz Gout mit klassizistischen Szenen und Architekturmalerei sowie profilierten und gefaßten Türen; eingelegter Fußboden.

18 Bewegliches Denkmal. Kreuzpartikel-Ostensorium aus der Wallfahrtskirche Heilig Kreuz in Donauwörth. Augsburger Goldschmiedearbeit von Franz Anton Bettle, 1716. In der Mitte die Staurothek mit der dreibalkigen Kreuzpartikel, 11./13. Jh.

□ Bodendenkmäler

Bei Bodendenkmälern handelt es sich um bewegliche oder unbewegliche Überreste vor allem aus vor- und frühgeschichtlicher Zeit (150 000 v. Chr. bis 950 n. Chr.), die sich im Boden befinden oder im Boden gefunden und geborgen werden, z. B. Reste von Befestigungsanlagen und anderen Gebäuden, Ringwälle, Viereckschanzen, Gräber, Münzen, Gefäße, Werkzeuge, Schmuck.

19 Bodendenkmal. Spätrömische Grabbeigaben: Glasbecher, Glasfläschchen, zwei Armringe aus gewundenen Bronzedrähten, Halskette aus Glasperlen, Gürtelschnalle. Fundort: Berg am Laim in München. ▽

20 Bodendenkmal. ▷ Grabhügelnekropole in Pürgen, Lkr. Eichstätt.

Welche Voraussetzungen muß ein Gegenstand erfüllen, um ein Denkmal zu sein?

Nicht jedes Objekt älteren Datums ist ein Denkmal. Es müssen vielmehr ganz bestimmte Kriterien vorliegen, wenn ein Gegenstand ein Denkmal im Sinn des Bayerischen Denkmalschutzgesetzes sein soll:

□ Das Objekt muß von Menschen geschaffen sein.

Was die Natur hervorbringt, ist nicht Denkmal im Sinn des Denkmalschutzgesetzes. So fällt z. B. eine jahrhundertealte Steineiche ebensowenig unter den Denkmalbegriff wie Versteinerungen oder Fossilien.

□ Das Objekt muß aus vergangener Zeit stammen.

Einigkeit besteht, daß das schutzwürdige Objekt aus einer abgeschlossenen, historischen Epoche stammen muß. Darunter versteht man jedenfalls die Zeit bis 1945. Bis dahin geschaffene Objekte können geschichtliche Zeugnisfunktion haben und den Stil, die Bauart, den Geschmack usw. früherer Zeiten widerspiegeln. Diskutiert wird derzeit, ob auch die Aufbauphase nach dem 2. Weltkrieg, also die Zeit bis etwa 1968, als »abgeschlossene historische Epoche« betrachtet werden kann.

□ Das Objekt muß von geschichtlicher, künstlerischer, städtebaulicher, wissenschaftlicher oder volkskundlicher Bedeutung sein.

Diese Bedeutung wird vor allem durch Gutachten der Fachleute beim Bayerischen Landesamt für Denkmalpflege festgestellt. Hier spielt die wissenschaftliche Arbeit, insbesondere die Quellenforschung, eine wichtige Rolle. Bei der Beurteilung des Objekts sind u. a. Seltenheitswert, Einzigartigkeit, Alter und Maß an Ursprünglichkeit zu beachten.

□ Die Erhaltung des Denkmals muß im Interesse der Allgemeinheit liegen.

Ob dies der Fall ist, beurteilt sich in erster Linie nach dem Wissens- und Kenntnisstand sachverständiger Kreise.

21 Naturdenkmal. Bavaria-Buche bei Pondorf, Lkr. Eichstätt. Kein Denkmal im Sinn des Denkmalschutzgesetzes, da nicht »von Menschen geschaffen«.

22 Versteinerung. Muschelpflaster aus dem Grenzdolomit von Buchheim, Lkr. Neustadt Aisch-Bad Windsheim, ca. 200 Mio. Jahre alt. Kein Denkmal im Sinn des Denkmalschutzgesetzes, da nicht »von Menschen geschaffen«.

23 Baudenkmal in Neukenroth, Gmde. Stockheim, Lkr. Kronach. Dekorative Schindelverkleidung, deren Erhaltung im öffentlichen Interesse liegt.

Gibt es Verzeichnisse der Denkmäler?

Die Frage, ob ein Gegenstand ein Denkmal ist, läßt sich oftmals schwer beantworten. Aus diesem Grund hat man Verzeichnisse erstellt, in denen alle bisher bekannten Baudenkmäler, Ensembles und Bodendenkmäler eingetragen sind. Die beweglichen Denkmäler sind dagegen noch nicht umfassend ermittelt.

Die Verzeichnisse heißen »Denkmallisten«. Sie liegen bei den Gemeinden und auch den Baugenehmigungsbehörden (Landratsämter, kreisfreie Städte, Große Kreisstädte) sowie beim Landesamt für Denkmalpflege auf. Wer also wissen will, ob ein Gebäude in die Denkmalliste eingetragen ist, braucht sich nur an eine dieser Behörden zu wenden. Darüber hinaus sind die Verzeichnisse im Buchhandel erhältlich. Die Denkmallisten werden laufend fortgeschrieben; das Landesamt für Denkmalpflege kann über Änderungen des Denkmälerbestands (Aufnahme weiterer Denkmäler, Streichung untergegangener Denkmäler) jederzeit Auskunft erteilen.

Wenn ein Gebäude in das Verzeichnis der Denkmäler aufgenommen werden soll, prüft zunächst einmal das Landesamt für Denkmalpflege, ob Denkmaleigenschaft gegeben ist. Fällt diese Prüfung positiv aus, wird die zuständige Gemeinde beteiligt. Verweigert die Gemeinde ihre Zustimmung zur Eintragung in die Denkmalliste, wird der Landesdenkmalrat angehört. Die Anhörungen können zu einer Bestätigung oder zu einer Korrektur der Feststellung der Denkmaleigenschaft führen. Bei der Festlegung von Ensembles wird in jedem Fall, also unabhängig von der Stellungnahme der Gemeinde, der Landesdenkmalrat angehört.

Hängt die Denkmaleigenschaft eines Gegenstandes von einem förmlichen Verfahren ab?

Baudenkmäler mit ihren Ausstattungsstükken, Gartenanlagen, Bodendenkmäler und Ensembles besitzen schon dann Denkmaleigenschaft, wenn sie die erwähnten, gesetzlich festgelegten Kriterien erfüllen. Ein förmliches, von einer Behörde durchzuführendes Verfahren ist nicht notwendig. Die Eintragung in ein Verzeichnis (Denkmalliste) hat nur deklaratorische, also klarstellende Bedeutung.

Eine Ausnahme gilt nur für bewegliche Denkmäler. Selbst wenn sie die genannten Kriterien erfüllen, kommt ihnen Denkmaleigenschaft nur zu, wenn sie in das Verzeichnis der beweglichen Denkmäler eingetragen worden sind. Der Eigentümer muß vor der Eintragung förmlich gehört werden.

24 Beispiel für die Denkmalliste: Band VI der Reihe »Denkmäler in Bayern«, München 1985. Der Band enthält in telefonbuchartiger Auflistung alle Baudenkmäler, Ensembles und archäologischen Geländedenkmäler in Unterfranken.

Womit beschäftigen sich Denkmalschutz und Denkmalpflege?

Wer den historischen Wert von Gegenständen und ihre Bedeutung erkennen und sie aufgrund dieser Erkenntnisse fachgerecht instandsetzen will, muß sich mit ihrem geschichtlichen Werdegang befassen. Die Erforschung der Denkmäler bildet deshalb, zusammen mit der Sicherung und Erhaltung des historischen Erbes, den Schwerpunkt der Tätigkeit von Denkmalschutz und Denkmalpflege. Dies bedeutet nicht, daß Denkmalschutz und Denkmalpflege nur in die Vergangenheit zurückschauen würden. Im Gegenteil: Denkmalschutz und Denkmalpflege haben vielmehr die Aufgabe, Geschichte für die Gegenwart anschaulich zu machen und für die Zukunft erkennbar zu erhalten. Sie sind also gegenwartsbezogen, haben auch mit unserer Zukunft zu tun.

□ Inventarisieren (Denkmalkunde)

Inventarisieren bedeutet die wissenschaftliche Erforschung, Beschreibung und Deutung der Denkmäler und ihrer Zusammenhänge. Die Aufgabe der Inventarisation besteht in der vollständigen und präzisen Erfassung der Denkmäler und ihrer Beschreibung durch Text, Abbildungen, Pläne usw.

25 Inventar. Die Kunstdenkmäler von Schwaben, Band VIII: Lkr. Sonthofen, München 1964. Auszug von den Seiten 655 und 656.

Oberstdorf 655

Landerndach. Auf der Giebelseite fünffacher doppelter Zahnfries, der sich auf der Längsseite nur über den Erdgeschoßfenstern fortsetzt. Über der Haustür erneuerte Jahreszahl *1673*.

Buindgasse 3. Modern verputzter Blockbau, Mittertenne, im Giebel erneuerte Jahreszahlen *1685, 1909, 1955*.

Frohmarkt 4. Kleinhaus des 18. Jahrhunderts mit unverkleideten, zum Teil mit Ständern und Riegeln ausgewechselten Wandteilen, Flachdach über 4 Pfetten.

Frohmarkt 8. Kleiner Blockbau der 1. Hälfte des 18. Jahrhunderts auf massiv erneuertem Untergeschoß, durch traufseitig angebaute Laube entstellt, Wirtschaftsteil modern verändert. Einfacher Zahnfries unter den Erdgeschoßfenstern der Giebelseite. Flachdach über 6 Pfetten.

Frohmarkt 10. Blockbau mit traufseitigem Eingang und erneuertem Wirtschaftsteil, Stubenstock verputzt, der Kammerstock darüber mit Riegelwand des 18. Jahrhunderts, Flachdach über 6 Pfetten mit verschaltem Giebel. Im Kern 2. Hälfte 17. Jahrhundert.

Frohmarkt 11. Unverkleideter Blockbau des 18. Jahrhunderts, der Stubenstock massiv ausgebaut, erneuerter Giebelgänter, der Wirtschaftsteil mit Landerndach wegen des Straßenlaufes abgeschrägt, Mittertenne mit gitterförmig ausgeschnittenen Luftöffnungen. Über der Haustür einfaches Fachwerk.

In den Höfen 9. Blockbau auf hohem Rollsteinsockel, an der östlichen Traufseite moderne Laube. Zwischen den Fenstern ein doppelter bzw. einfacher Zahnfries, Flachdach über 6 Pfetten, die Vorstöße der Fußpfetten schräg zurückgeschnitten. Ende 17. Jahrhundert.

Küfergasse 1. An der Traufseite offene Blockwand mit je einem doppelten Zahnfries über und unter den Erdgeschoßfenstern, 17./18. Jahrhundert, Giebelseite modern verlängert.

Küfergasse 5. Blockbau des 17./18. Jahrhunderts mit verschaltem Längsschopf, verschaltes Giebelfeld mit 6 Pfettenköpfen, Hakenschopf und Traufgänter, Haustür auf der Giebelseite ehemals mit profiliertem Sturzbrett.

Küfergasse 6. Wohnteil in Blockbau auf verputztem Bruchsteinsockel, Flachdach über 6 Pfetten, neuer Längsschopf. Am Wirtschaftsteil Gänter, über dem ehemaligen Tennentor balusterförmig ausgesägte Luftöffnungen. 18. Jahrhundert.

Lorettostraße 4. Blockbau mit Längsschopf und Mittertenne, flaches Landerndach über 6 Pfetten, Giebelfeld verschalt. Stube mit 3 zu 3 Einflügelfenstern. Im Kern 17. Jahrhundert.

Metzgerstraße 7. Unverkleideter Blockbau des mittleren 19. Jahrhunderts mit mittelsteilem Dach, Mittertenne.

Metzgerstraße 8 (Abb. 562, 563). Abseits der Straße gelegenes, bemerkenswertes Haus. Stuben- und Kammerstock in unverkleidetem Blockbau auf niedrigem Bruchsteinsockel der 2. Hälfte des 17. Jahrhunderts mit älteren und jüngeren Bauteilen. An der Nordostseite Ständerriegelwand, gleichzeitig mit der gefelderten Haustür

562. Oberstdorf, Metzgerstraße 8 (S. 655, 657).

563. Oberstdorf, Metzgerstraße 8, Grundriß, Querschnitt und Türgerüst (S. 655, 567).

□ Konservieren

Konservierungsmaßnahmen sichern den materiellen Bestand eines Denkmals. Konservierende Maßnahmen sind z. B. Festigung von Fassungs- und Malschichten, Reinigung, d. h. Entfernung von schädlichen Schmutzschichten und Verunreinigungen, Beseitigung vorangegangener Eingriffe, wenn sie substanzgefährdend sind. Bisweilen sind auch Detailauswechslungen notwendig, die in Form, Material und handwerklicher Bearbeitung unmittelbar am vorhandenen Bestand orientiert sein müssen.

26 Konservierung. Der Kircheninnenraum der Wallfahrtskirche Vierzehnheiligen in Staffelstein, Lkr. Lichtenfels. 1743/72 nach Plänen von Balthasar Neumann errichtet.

□ Restaurieren

Restaurieren heißt, einem Denkmal die ihm angemessene Wirkung wiederzugeben, die noch vorhandene Substanz wieder zur Geltung zu bringen und seine Aussage nach Form und Inhalt wieder anschaulich werden zu lassen. Die Restaurierung eines Denkmals wird unter Berücksichtigung seines Alters, also unter Erhaltung der charakteristischen Altersspuren, unter Berücksichtigung seiner Verwandlungen im Laufe der Geschichte und unter Beachtung seiner Funktion und des Bezugs zu seiner Umgebung durchgeführt. Restauratorische Maßnahmen sind z. B. die Abnahme stark vergilbter und störender Überzüge und Schichten, die Entfernung entstellender Eingriffe und Veränderungen, die Ergänzung und das Retuschieren – auf das unbedingt notwendige Maß beschränkt – mit dem Ziel, durch das Schließen von Fehlstellen und Lücken das Original wieder erlebbar zu machen. Ergänzungen nicht mehr vorhandener Teile (z. B. durch Teilrekonstruktionen oder Retuschen) zählen zum Restaurieren, wenn das fehlende Teil aus dem vorhandenen Bestand eindeutig erschlossen werden kann und das Hinzugefügte von der Originalsubstanz gleichsam getragen wird, d. h. das Original an Masse und Bedeutung dominiert.

Ein Denkmal hat oft mehrere geschichtliche Epochen durchlaufen und weist deshalb Altersspuren aus verschiedener Zeit auf. Es stellt sich daher bisweilen die Frage, welches historische Erscheinungsbild (welche Fassung z. B. eines Kircheninnenraumes) wieder anschaulich gemacht werden soll. Um diese Frage beantworten zu können, müssen insbesondere sehr sorgfältige Voruntersuchungen durchgeführt und ihre Ergebnisse fachlich umfassend gewürdigt werden. In jedem Fall ist eine Entscheidung zu treffen, die auf die Besonderheiten des Einzelfalls Rücksicht nimmt.

27 Renovierung. Neues Rathaus in München. Neugotischer Bau in aufwendigen Formen von Georg Hauberrisser, 1867–1908. Teile des plastischen Schmucks des Prunkerkers wurden bei Renovierungsarbeiten in den Jahren 1970 ff. neu geschaffen. Renovierter Balkon aus Kirchheimer Muschelkalk/Kernstein. Als Vorlage für die Renovierung des im Krieg zerstörten Balkons dienten Photos.

28 Rekonstruktion. Altes Rathaus und Turm in München, 1470–1480. Der Turm wurde nach der Zerstörung 1952 bis 1974 wiederaufgebaut. Als Neubau ist er nicht in der Liste der Baudenkmäler erwähnt. ▷

□ Renovieren

Unter Renovieren ist die Erneuerung des Erscheinungsbildes eines Denkmals durch Ersatz von Teilen seiner historischen Substanz oder durch Aufbringen einer neuen Außenschicht zu verstehen. Solche Maßnahmen sind deshalb nur gerechtfertigt, wenn sie noch als »Dienst am Original« verstanden werden können, d. h., wenn die Substanz gefährdet oder die Wirkung des Denkmals beeinträchtigt ist. Im Sinn der Erhaltung des Denkmals und seiner Wirkung sollen nur einzelne Partien, welche einer starken Beanspruchung durch Abnutzung, Abwitterung oder Verschmutzung ausgesetzt sind, ersetzt oder mit einer neuen Deckschicht versehen werden. Zu Renovierungsmaßnahmen zählen z. B. die Erneuerung von Dacheindeckungen, Verputz und Anstrichen oder das Überfassen von im Freien stehenden Holz- oder Steinskulpturen.

□ Rekonstruieren

Eine Rekonstruktion ist die Wiedererrichtung eines nicht mehr existierenden Objektes, dessen ehemaliges Aussehen aus Beschreibungen, Plänen oder bildlichen Darstellungen noch weitestgehend bekannt ist. Sie liegt auch vor bei dem Erschließen und Wiederherstellen einer Ganzheit aus einzelnen nachgewiesenen oder noch vorhandenen Teilstücken (z. B. Rekonstruktion einer Fassadendekoration, deren wichtigste Einzelelemente noch festgestellt werden können). Rekonstruktionen sind vom denkmalpflegerischen Standpunkt aus dann vertretbar, wenn sie für die Ergänzung und Ablesbarkeit eines Denkmalbestandes notwendig oder für die Wiedergewinnung entscheidender Denkmalqualitäten von Bedeutung sind.

BERLITZ SCHOOL
S
U

□ Kopieren

Bei einer Kopie handelt es sich um eine detailgerechte, maßstabs- und formgetreue, ggf. auch materialgerechte Nachbildung eines Originals. Sie setzt das noch existierende Original voraus. Eine solche Maßnahme ist aus denkmalpflegerischer Sicht nur dann zu vertreten, wenn der substantielle Fortbestand eines Originals an Ort und Stelle nicht mehr gewährleistet ist, seine ersatzlose Entfernung (z. B. Übertragung in einen Innenraum) aber eine übergeordnete Ganzheit zerstören würde. So kann etwa eine von Zerstörung bedrohte Fassadenfigur durch eine Kopie ersetzt werden.

□ Verwandte Aufgabenbereiche

In engem Bezug zu Denkmalschutz und Denkmalpflege steht die Heimatpflege. Sie bemüht sich in erster Linie um die Erhaltung unserer Kultur im weitesten Sinn (Trachten, Volksmusik, Volkstanz, Brauchtum, Mundartdichtung, Baukultur). Doch sind die Heimatpfleger nach dem Denkmalschutzgesetz ausdrücklich beauftragt, sich auch dem Aufgabenbereich von Denkmalschutz und Denkmalpflege zu widmen. In vielen Fällen sind sie die entscheidende Vertretung von Denkmalschutz und Denkmalpflege vor Ort.

Bei der Dorf- und Stadtbildpflege spielen gestalterische oder rein städtebauliche Gesichtspunkte die dominierende Rolle. Sie unterscheiden sich damit von Denkmalschutz und Denkmalpflege, bei denen die historische Zeugnisfunktion ein entscheidendes Kriterium ist. In der Praxis arbeitet die Orts- und Stadtbildpflege eng mit dem Denkmalschutz und der Denkmalpflege zusammen.

29 Kopie. Flora. Nach einer heute im Mainfränkischen Museum in Würzburg aufbewahrten Plastik von Ferdinand Tietz um 1767/1768, aus dem Hofgarten in Veitshöchheim bei Würzburg.

30 Idyllischer dörflicher Anblick eines Wohnhauses in Walting, Lkr. Eichstätt. Wegen seiner reizvollen Situierung ist es Gegenstand der Dorfbildpflege. ▷

Organisation von Denkmalschutz und Denkmalpflege

Wenn ein Bürger Fragen hat, die den Denkmalschutz betreffen, kann er sich in erster Linie an die Unteren Denkmalschutzbehörden oder das Landesamt für Denkmalpflege wenden; sie sind die richtigen Anlaufstellen für Eigentümer, Bauherrn, Planer, Architekten usw. Der Bürger kann sich hier über das Baugenehmigungs- und das Erlaubnisverfahren nach dem Denkmalschutzgesetz, über Fragen der denkmalgerechten Instandsetzung und Nutzung eines Baudenkmals, über Fördermöglichkeiten etc. erkundigen.

Die Denkmalschutzbehörden

Die Denkmalschutzbehörden sind die staatlichen Einrichtungen, die nach außen verbindlich entscheiden und Anordnungen gegenüber den Bürgern treffen können.

□ Untere Denkmalschutzbehörden

Auf Kreisebene befinden sich die Unteren Denkmalschutzbehörden: Landratsämter, kreisfreie Gemeinden, Große Kreisstädte. Sie sind für den Vollzug des Denkmalschutzgesetzes verantwortlich. Sie erteilen z. B. die Erlaubnis für Veränderungen an Baudenkmälern nach dem Denkmalschutzgesetz, wenn die Maßnahmen nicht baugenehmigungspflichtig sind (sonst ist die Untere Bauaufsichtsbehörde zuständig). Sie erlassen Erhaltungsanordnungen gegenüber Eigentümern, die ihr Baudenkmal nicht instandhalten. Sie verhängen Bußgelder bei Verstößen gegen das Denkmalschutzgesetz und nehmen zu Zuschußanträgen Stellung. Ihre Aufgabe ist es weiterhin, Mittel aus dem Entschädigungsfonds für die Instandsetzung eines Gebäudes zu beantragen.

□ Höhere Denkmalschutzbehörden

Die Aufgaben der Höheren Denkmalschutzbehörde nehmen die jeweiligen Bezirksregierungen wahr. Sie entscheiden vor allem dann, wenn es bei Denkmälern von herausragender Bedeutung zu Meinungsverschiedenheiten zwischen der zuständigen Unteren Bauaufsichtsbehörde und dem Landesamt für Denkmalpflege kommt (Dissensfälle). Beispiel: Das Landesamt für Denkmalpflege kann die Regierung einschalten, wenn die Untere Bauaufsichtsbehörde den Abbruch eines Baudenkmals genehmigen will, obwohl es sich aus der Sicht des Landesamts um ein Gebäude von herausragender Bedeutung handelt, für dessen Erhaltung gewichtige Gründe des Denkmalschutzes sprechen. Die Regierung entscheidet dann unter Berücksichtigung aller betroffenen Belange, ob das Baudenkmal erhalten bleibt oder zum Abbruch freigegeben wird.

□ Oberste Denkmalschutzbehörde

Oberste Denkmalschutzbehörde ist das Bayerische Staatsministerium für Unterricht, Kultus, Wissenschaft und Kunst. Dieses entscheidet Fragen von grundsätzlicher Bedeutung, bearbeitet Eingaben und Anfragen von Bürgern, führt die Aufsicht über das Landesamt für Denkmalpflege und verwaltet die Fördermittel des Entschädigungsfonds. Bei ihm liegt die Geschäftsführung des Landesdenkmalrats.

Oberste Denkmalschutzbehörde
Bayerisches Staatsministerium für Unterricht, Kultus, Wissenschaft und Kunst

Landesdenkmalrat
(Beratendes Gremium)

Höhere Denkmalschutzbehörden
Regierungen

Denkmalfachbehörde
Bayerisches Landesamt für Denkmalpflege

Untere Denkmalschutzbehörden
Landratsämter, kreisfreie Gemeinden, Große Kreisstädte

31 Vierflügelbau mit prächtigem Arkadenhof in München. Erbaut 1563 bis 1567 von Wilhelm Egckl als Hofmarstall und Kunstkammer. Heute Sitz der Zentrale des Bayerischen Landesamts für Denkmalpflege.

Das Landesamt für Denkmalpflege

Das Bayerische Landesamt für Denkmalpflege ist die zentrale staatliche Fachbehörde für Denkmalschutz und Denkmalpflege. Das Landesamt ist unmittelbar dem Staatsministerium für Unterricht, Kultus, Wissenschaft und Kunst nachgeordnet. Es besitzt neben der Verwaltungsabteilung Abteilungen für die Bau- und Kunstdenkmalpflege, Bauforschung, Bodendenkmalpflege, Inventarisation sowie Restaurierung.

Ihm obliegt insbesondere die Erforschung und Erfassung der Denkmäler, die fachliche Beurteilung geplanter Maßnahmen an Denkmälern und die fachliche Beratung in allen Fragen von Denkmalschutz und Denkmalpflege. Im Bereich der Bodendenkmalpflege liegt der Schwerpunkt bei der Durchführung und Überwachung von Ausgrabungen. In den Restaurierungswerkstätten werden unter anderem Gemälde, Skulpturen, Möbel und Textilien restauriert oder Fachgutachten für Restaurierungsmaßnahmen nach eingehenden Voruntersuchungen der jeweiligen Objekte erstellt.

Im Zentrallabor des Landesamtes wird neben der Grundlagenforschung im Bereich der Verwitterung und Konservierung von Materialien auch angewandte Forschung betrieben. Hier versucht man, die Ursachen der schädlichen Umwelteinflüsse auf historische Substanz, z. B. Glas, Stein oder Metall, zu erforschen und wirksame Gegenmaßnahmen zum Schutz der Denkmäler zu entwickeln.

Der Landesdenkmalrat

Der Landesdenkmalrat berät die Staatsregierung in wichtigen Fragen von Denkmalschutz und Denkmalpflege. Er setzt sich aus Vertretern des Bayerischen Landtags, aus Personen verschiedener Interessengruppen und aus Fachleuten zusammen. Auf seinen Sitzungen, die in der Regel monatlich stattfinden, wird z. B. die geplante Eintragung von Ensembles in die Denkmalliste beurteilt, werden Streitfälle über die Denkmaleigenschaft eines Gebäudes diskutiert, werden bisweilen auch Empfehlungen in wichtigen Fragen von Denkmalschutz und Denkmalpflege ausgesprochen. Regionalausschüsse bereiten einzelne Fragen für die Beratungen des Rates vor und befassen sich an Ort und Stelle mit anstehenden Problemen. Als demokratisches Instrument des Ideenaustausches, der Meinungsfilterung und des Interessenausgleichs auf dem Gebiet von Denkmalschutz und Denkmalpflege hat sich der Landesdenkmalrat hohes Ansehen erworben.

◁ 32 Schloß Seehof bei Bamberg. Prachtvolle Vierflügelanlage. Errichtet 1687 bis 1695 von Antonio Petrini. Heute Sitz der Außenstelle des Bayerischen Landesamts für Denkmalpflege für die Regierungsbezirke Ober- und Unterfranken.

Das Denkmalschutzgesetz

Denkmalschutz und Denkmalpflege sind in Bayern im Bayerischen Denkmalschutzgesetz geregelt. Es wurde am 25. Juni 1973 erlassen. Seine genaue Bezeichnung lautet »Gesetz zum Schutz und zur Pflege der Denkmäler«.

Das Gesetz definiert, was ein Denkmal ist. Es legt fest, wie Veränderungen an Denkmälern von den Behörden gewürdigt werden müssen. Es enthält Bestimmungen über die Erhaltung und Nutzung von Baudenkmälern. Ebenso beschäftigt es sich mit den Bodendenkmälern, enthält Vorschriften über das Ausgraben und Auffinden von Bodendenkmälern und über die Auswertung von Funden. Das Denkmalschutzgesetz weist den Denkmalschutzbehörden, dem Landesamt für Denkmalpflege sowie dem Landesdenkmalrat ihre Aufgaben zu. Im Mittelpunkt des Gesetzes stehen die Bestimmungen über den Schutz der Denkmäler. Dazu zählen Vorschriften über das Erlaubnisverfahren, über die Wiederherstellung von beschädigten oder zerstörten Denkmälern, über das Betretungs- und Auskunftsrecht der Denkmalschutzbehörden und des Landesamtes für Denkmalpflege. Das Gesetz regelt auch, wann die Enteignung eines Denkmals zulässig ist und wann es dabei zu einer Entschädigung kommt. Ferner enthält es Aussagen über die finanzielle Förderung von Maßnahmen mit denkmalpflegerischem Inhalt durch Staat und Kommunen. Es ermöglicht auch, die vorsätzliche oder fahrlässige Beschädigung von Denkmälern mit Geldbußen zu ahnden.

Das Bayerische Denkmalschutzgesetz hat in zahlreichen anderen Bundesländern als Vorbild gedient und darüber hinaus Anerkennung in ganz Europa gefunden.

Auszeichnungen und Preise

Der wachsenden Bedeutung von Denkmalschutz und Denkmalpflege entspricht die öffentliche Anerkennung für die hierbei erzielten Leistungen. Sie erfolgt u. a. auch durch die Verleihung einer staatlichen Medaille sowie von Preisen. Die drei in Bayern wichtigsten Auszeichnungen sind:

□ Deutscher Preis für Denkmalschutz

Der Deutsche Preis für Denkmalschutz wird jährlich vom Deutschen Nationalkomitee für Denkmalschutz vergeben. Er stellt eine Auszeichnung für hervorragende Leistungen auf dem Gebiet von Denkmalschutz und Denkmalpflege dar. Er besteht in der Vergabe des Karl-Friedrich-Schinkel-Ringes, der Silbernen Halbkugel und von Reisestipendien.

Vorschläge und Anregungen kann jedermann bei der Geschäftsstelle des Komitees beim Bundesminister des Innern, 5300 Bonn, einreichen.

□ Denkmalschutzmedaille

Das Bayerische Staatsministerium für Unterricht, Kultus, Wissenschaft und Kunst verleiht jährlich an bis zu vierzig Personen oder Vereinigungen, die sich besondere Verdienste um den Denkmalschutz erworben haben, die Denkmalschutzmedaille.

Vorschläge unterbreiten in der Regel die Regierungen, das Bayerische Landesamt für Denkmalpflege, die Bezirke, die kirchlichen Oberbehörden und der Bayerische Landesverein für Heimatpflege. Die Medaille besteht aus Silber. Auf der Vorderseite zeigt sie König Ludwig I. von Bayern, den Begründer der Bayerischen Denkmalpflege, auf der Rückseite enthält sie die Inschrift »Für besondere Verdienste um den Denkmalschutz«. Die Medaille ist kein Orden und auch kein Ehrenzeichen, sie ist nicht zum Tragen in der Öffentlichkeit bestimmt. Sie wird zusammen mit einer Urkunde verliehen.

Herr

Georg Stadelmann

und Frau

Christa Stadelmann

Denkmalpreis 1988

der

Hypo-Kulturstiftung

Begründung der Verleihung des Denkmalpreises 1988 der Hypo-Kulturstiftung an Christa und Georg Stadelmann

◁◁ **33** Karl-Friedrich-Schinkel-Ring. Höchste Auszeichnung des Dt. Nationalkomitees für Denkmalschutz für hervorragende Leistungen in Denkmalschutz und Denkmalpflege.

◁ **34** Rückseite der vom Bayerischen Staatsministerium für Unterricht, Kultus, Wissenschaft und Kunst verliehenen »Bayerischen Denkmalschutzmedaille«.

35 Beispiel für die Urkunde, die bei der Verleihung des Denkmalpreises der Hypo-Kulturstiftung vergeben wird.

□ Denkmalpreis der Hypo-Kulturstiftung

Auch eine private Einrichtung fördert die Leistungen auf dem Gebiet von Denkmalschutz und Denkmalpflege, nämlich die im Herbst 1983 gegründete »Hypo-Kulturstiftung« in München. Sie widmet sich generell der Förderung kultureller Vorhaben und Einrichtungen. Einer der Schwerpunkte der Stiftung sind Denkmalschutz und Denkmalpflege und hier wiederum die jährliche Vergabe eines »Denkmalpreises der Hypo-Kulturstiftung«, der mit 50 000 Mark dotiert ist.

Ausgezeichnet werden private Eigentümer, die »aus eigenem Engagement und meist mit erheblichen persönlichen Opfern zur Rettung von Denkmälern beitragen«. Damit sollen Eigentümer von Baudenkmälern zu eigener Initiative angeregt werden, die in der praktischen Denkmalpflege von besonderer Bedeutung ist.

Vorschläge für diese Auszeichnung unterbreiten die Regierungen, das Landesamt für Denkmalpflege, die Architektenkammer, der Landesverein für Heimatpflege und der Haus- und Grundbesitzerverband. Eine unabhängige Experten-Jury vergibt diesen Preis. Die Hypo-Kulturstiftung hat ihren Sitz in 8000 München, Theatinerstraße 15.

SPARKASSE

Baudenkmalpflege

Bedeutung der Baudenkmalpflege

Die heute zusammen mit der Bodendenkmalpflege stark im Vordergrund des Interesses stehende Baudenkmalpflege ist ein wichtiger Teilbereich der Pflege kulturgeschichtlicher Überlieferung. Mit den Baudenkmälern und ihren historischen Ausstattungen wird ein wesentliches Stück kultureller Heimat bewahrt. Als Bestandteil des geschichtlichen Erbes geben uns diese Denkmäler vielfältige Informationen über die Lebensumstände früherer Generationen. Sie vermitteln uns ein breites Spektrum von technischen bis hin zu künstlerischen und städtebaulichen, aber auch sozialen und wirtschaftlichen Leistungen der Vergangenheit. Auch heute noch bereichern sie unser Leben.

Arten von Baudenkmälern

Unter einem Baudenkmal versteht man eine bauliche Anlage aus vergangener Zeit, deren Erhaltung wegen ihrer kulturgeschichtlichen Bedeutung im Interesse der Allgemeinheit liegt. Die kulturgeschichtliche Bedeutung kann z. B. auf künstlerischen, technischen, städtebaulichen, volkskundlichen, sozialgeschichtlichen oder wirtschaftsgeschichtlichen Qualitäten beruhen. Auch die Erinnerung an eine historische Situation oder Persönlichkeit oder eine interessante historische Nutzung, die noch ablesbar ist, kann ausschlaggebend sein. Die Bandbreite der Objekte reicht vom einfachen Bauernhaus über die Kirche, die weiträumige Klosteranlage bis hin zur ganzen historischen Stadt.

Baudenkmäler können sein:
Archivgebäude, Aufzüge, Außenwerbungsanlagen, Bäder, Balkone, Balustraden, Bankgebäude, Befestigungen am und im Ort, Bildstöcke, Bibliotheken, Börsen, Brücken, Brüstungen, Brunnen, Brunnenanlagen, Burgen, Burgruinen, Eisenbahnbauten, Erker, Feldkapellen, Feldkreuze, Festungen, Finanzbauten, Friedhöfe, Gartenhäuser, Gewächshäuser, Grabdenkmäler, Grabsteine, Grenzsteine, Hammerschmieden, Häuser, Hochschulbauten, Hofhaltungsbauten, Hütten, Industriebauten, Justizgebäude, Kamine, Kapellen, Kalköfen, Kasernen, Kaufhäuser, Kirchen, kirchliche Amtsbauten, Klosterhöfe, Kornkästen, Kongregationsbauten, Kriegerdenkmäler, Kreuzsteine, Kreuzwegstationen, Kuranlagen, Luftverkehrsanlagen, Marterln, Masten, Mauern, Meiler, Messegebäude, Militärbauten, Mühlen, Museen, öffentliche Gebäude, Ortsbefestigungen, Polizeibauten, Portale, Postgebäude, Rathäuser, Remisen, Residenzen, Ruinen, Scheunen, Schlachthäuser, Schlösser, Schrannen, Schutzbauten, Spitäler, Stadel, Stadttürme, Stadtwaagen, Straßen, Straßenpflaster, Sühnekreuze, Teiche, Theater, Tore, Torfhütten, Türme, Tunnels, Verwaltungsbauten, Waisenhäuser, Wasserbauten, Wegkreuze, Weinberghäuschen, Zäune, Zeughäuser usw.

Wichtig ist: Diese Bauwerke behalten ihre Denkmalqualität auch, wenn sie vorübergehend nicht genutzt werden oder gar in schlechten Bauzustand geraten, wie das etwa bei Burgruinen der Fall ist. Auch das ungenutzte Gebäude kann ein Baudenkmal sein.

◁ **36** Ensemble der Altstadt in Landshut mit dem mächtigen Bau der katholischen Stifts- und Stadtpfarrkirche St. Martin, dem Wahrzeichen der Stadt. Errichtet nach Plänen von Hans Krumenauer, Hans v. Burghausen, Hans Stethaimer und Stefan Purghauser 1380 bis ca. 1500. Über der Stadt die Wittelsbacher Burg Trausnitz.

Veränderungen an Baudenkmälern

Für alle Veränderungen an Baudenkmälern gilt eine Faustregel: Alle Maßnahmen an Baudenkmälern, die nach der Bayerischen Bauordnung baugenehmigungspflichtig sind, bedürfen einer Baugenehmigung. Alle Maßnahmen an Denkmälern, die nicht baugenehmigungspflichtig sind, bedürfen einer Erlaubnis nach dem Denkmalschutzgesetz. In der Praxis bedeutet das, daß grundsätzlich jede Veränderung an einem Baudenkmal genehmigungspflichtig oder erlaubnispflichtig ist. Ohne Rücksprache bei den zuständigen Behörden dürfen deshalb niemals Veränderungen an Baudenkmälern vorgenommen werden. Bei der örtlich zuständigen Genehmigungsbehörde kann man erfahren, was im einzelnen baugenehmigungs- oder erlaubnispflichtig ist.

Der Baugenehmigungspflicht unterliegen z. B. alle umfangreicheren baulichen Veränderungen, der Abbruch von Baudenkmälern, aber auch Umnutzungen und grundsätzlich auch Eingriffe in die statische Konstruktion eines Gebäudes.

Eine Erlaubnis nach dem Denkmalschutzgesetz ist erforderlich z. B. bei neuen Anstrichen innen und außen, bei Erneuerungen der Installationen in historischen Räumen, bei Fassadenreinigungen, bei Ausbruch und Einbau von Bauteilen, soweit dies nicht einer Baugenehmigung bedarf, bei der Reparatur oder Erneuerung von Türen, Fenstern, Treppen, Vertäfelungen usw., sowie bei Eingriffen in den Boden. Der Abbruch von Denkmälern kann nach dem Denkmalschutzgesetz erlaubnispflichtig sein, sofern Baudenkmäler bestimmte in der Bayerischen Bauordnung genannte Maße unterschreiten, und deshalb keine Baugenehmigung eingeholt werden muß. Die Versetzung von Denkmälern, z. B. von Bildstöcken usw., ihr Abbau, ihre Verbringung in eine Restaurierungswerkstätte und ihre Wiederaufstellung am alten Ort sind ebenfalls erlaubnispflichtig. Die Transferierung, also die räumliche Verlagerung ganzer Häuser oder Hausteile, unterliegt hingegen der Baugenehmigungspflicht.

In das Genehmigungs- bzw. Erlaubnisverfahren bringt das Landesamt für Denkmalpflege seine denkmalfachliche Beurteilung ein. Die Genehmigungsbehörde hat alle berührten Interessen einschließlich derer des Denkmalschutzes abzuwägen und eine Entscheidung zu treffen. Es liegt in ihrem »pflichtgemäßen Ermessen«, ob sie eine Genehmigung oder Erlaubnis für ein Vorhaben erteilen will, selbst wenn gewichtige Gründe des Denkmalschutzes dagegen sprechen. Sie muß in jedem Fall eine sorgfältige Güterabwägung vornehmen. In der Regel ist die Genehmigung eines Vorhabens mit Auflagen im Sinne der Denkmalpflege verbunden. Solche Auflagen können sich etwa auf die Erhaltung wertvoller Bauteile, auf die Art von Oberflächenbehandlungen, auf die Ausbildung neu hinzugefügter Bauteile in technischer und gestalterischer Hinsicht usw. beziehen.

Die Tatsache, daß Baudenkmäler nicht immer den Normen für Neubauten entsprechen, kann dazu führen, daß von baurechtlichen Vorschriften Ausnahmen und Befreiungen gewährt werden, wenn diese für die Erhaltung oder sachgerechte Nutzung des Baudenkmals notwendig sind und andere überragende Interessen, z. B. Leben und Gesundheit, nicht beeinträchtigt werden.

Die Baugenehmigung wird bei der Baugenehmigungsbehörde, die Erlaubnis nach dem Denkmalschutzgesetz bei der Unteren Denkmalschutzbehörde beantragt. Wenn gewichtige Gründe des Denkmalschutzes gegen die geplanten Maßnahmen sprechen, kann die Genehmigung, bzw. die Erlaubnis, abgelehnt werden. Die Entscheidung über einen Antrag auf Erlaubnis oder Baugenehmigung kann in besonderen Fällen bis zu zwei Jahren ausgesetzt werden, wenn dies zur Klärung der Belange des Denkmalschutzes – insbesondere für Untersuchungen eines Baudenkmals und seiner Umgebung – erforderlich ist.

37/38 Kirchenburg aus dem 15./16. Jh. in Mönchsondheim, Gmde. Iphofen, Lkr. Kitzingen. Fachwerkobergeschosse 17./18. Jh. Vor und nach der Instandsetzung.

39 Kirchenburg aus dem 15. Jh. in Ostheim vor der Rhön, Lkr. Rhön-Grabfeld. Das Bild zeigt, welche Bedeutung der Dachdeckung zukommt. Auch eine Dachdeckung muß sich der vorhandenen Situation anpassen, was hier nicht gelungen ist. ▷

Die Umgebung eines Baudenkmals

Jedes Baudenkmal wirkt in seine Umgebung hinein: die Kirche prägt den Dorfanger, bei kleinen Ortschaften sogar das ganze Dorfbild, das historische Rathaus den Stadtplatz, die Wallfahrtskirche einen ganzen Landstrich. Umgekehrt ist die Umgebung für ein Denkmal von entscheidender Bedeutung. Eine häßliche und unproportionierte Nachbarschaft kann die Ausstrahlung eines noch so gut erhaltenen und sorgfältig gepflegten Baudenkmals zunichte machen; ein neues, zu großes oder zu grell gestrichenes Wohnhaus kann die Nachbarschaft, ja sogar einen ganzen Straßenzug stören.

Wie wichtig und prägend das Umfeld eines Baudenkmals für dessen Erscheinung und das Erleben seiner charakteristischen Wirkung ist, wird meist erst bei Störungen offensichtlich. Um solchen Störungen vorzubeugen, hat der Gesetzgeber auch die Umgebung eines Baudenkmals oder Ensembles geschützt. So sind alle Bau- und Veränderungsmaßnahmen in der Nähe von Baudenkmälern oder im Bereich von Ensembles erlaubnispflichtig, wenn sich dies auf Bestand oder Erscheinungsbild des Baudenkmals oder Ensembles auswirken kann, ggf. baugenehmigungspflichtig. Nähe bedeutet zunächst einmal unmittelbare Nachbarschaft; es kann sich aber in besonderen Fällen ebenso um eine Distanz von Kilometern handeln. Es kommt bei der Bestimmung der »Nähe« darauf an, ob sich die geplante Anlage auf das äußere Erscheinungsbild des Baudenkmals auswirkt.

40 In unberührter Umgebung befindet sich die Wallfahrtskirche St. Koloman, Lkr. Ostallgäu. Erbaut Mitte 18. Jh. Die Wallfahrtskirche würde in ihrer in die Landschaft ausstrahlenden Wirkung erheblich beeinträchtigt, wenn auf dem Feld eine Bebauung genehmigt würde. Neues Bauen in der Nähe von Baudenkmälern und Ensembles verlangt Rücksichtnahme auf die vorliegende historische Situation.

Inventarisation von Baudenkmälern

Denkmalpflege setzt die Inventarisation, also die Erfassung der Denkmäler voraus. Dies ist eine Erkenntnis der Denkmalpflege seit ihrem Aufleben im frühen 19. Jahrhundert. Inventarisation ist die Voraussetzung für den geistigen Erwerb der materiellen Überlieferung, welche Zeugnis von den Leistungen der Vergangenheit gibt. Inventarisation macht Denkmalqualität sichtbar und rechtfertigt den staatlichen Erhaltungsanspruch.
In Bayern ist die Aufgabe der Inventarisation von Denkmälern dem Landesamt für Denkmalpflege als staatlicher Fachbehörde für Denkmalschutz und Denkmalpflege aufgetragen.
Bereits im ausgehenden 19. Jahrhundert wurde in der Buchreihe »Die Kunstdenkmäler von Bayern« ein Verzeichnis von Denkmälern publiziert. Dabei wurde durch drei Medien – das Wort, die fotografische Abbildung und die maßgerechte Zeichnung – die Aussage der Denkmäler vermittelt. Seit 1958 sind eine Reihe von Kurzinventaren erschienen, die auf fotografische Abbildungen und detaillierten Quellennachweis verzichten.

Die Inventarisation ist nicht allein auf den Baukörper abzustellen. Ein Baudenkmal besteht auch aus Schmuck und Einrichtung, aus Funktion und Bild; dies alles führt erst zur geschichtlichen Aussage. Das Inventar behandelt daher auch die historische Ausstattung der Baudenkmäler ausführlich. Ferner ist die historische Aussage eines Baudenkmals immer auch auf seine historische Umgebung bezogen.
Die wissenschaftliche Erarbeitung solcher Denkmalbeschreibungen erfolgt in geduldiger und sorgsamer Denkmalbetrachtung im großen und ganzen, ebenso wie im einzelnen und kleinen. Die Methoden der Denkmalbetrachtung, die den Zeugniswert erkennen lassen, sind einmal das sorgfältige Sammeln der zum Denkmal gehörigen Überlieferungen in Wort und Bild, zum anderen die erläuternde Beschreibung und schließlich das akzentuierende Bewerten.
Die Arbeit der Inventarisation wird in laufenden Programmen fortgeführt. Aufbauend auf einem Inventarisationsprogramm der dreißiger Jahre des 20. Jahrhunderts werden die großen Inventare des Landkreises Günzburg wie der Stadt Rothenburg o. d. Tauber fortgesetzt bzw. neu aufgelegt. Außerdem ist ein Band über den Augsburger Dom ebenso in Arbeit wie die Inventarisation der Stadt Bamberg und der Stadt Landsberg a. Lech.

Eine weitere dem praktischen Gebrauch dienende Publikationsreihe sind die »Baualterspläne zur Stadtsanierung in Bayern«; erschienen sind sie bisher für Amberg, Burghausen und Regensburg.

41 Übersicht über den Stand der Inventarisation der Baudenkmäler in Bayern, 1990.

Stand der Inventarisation der Bau- und Kunstdenkmäler in Bayern, 1990

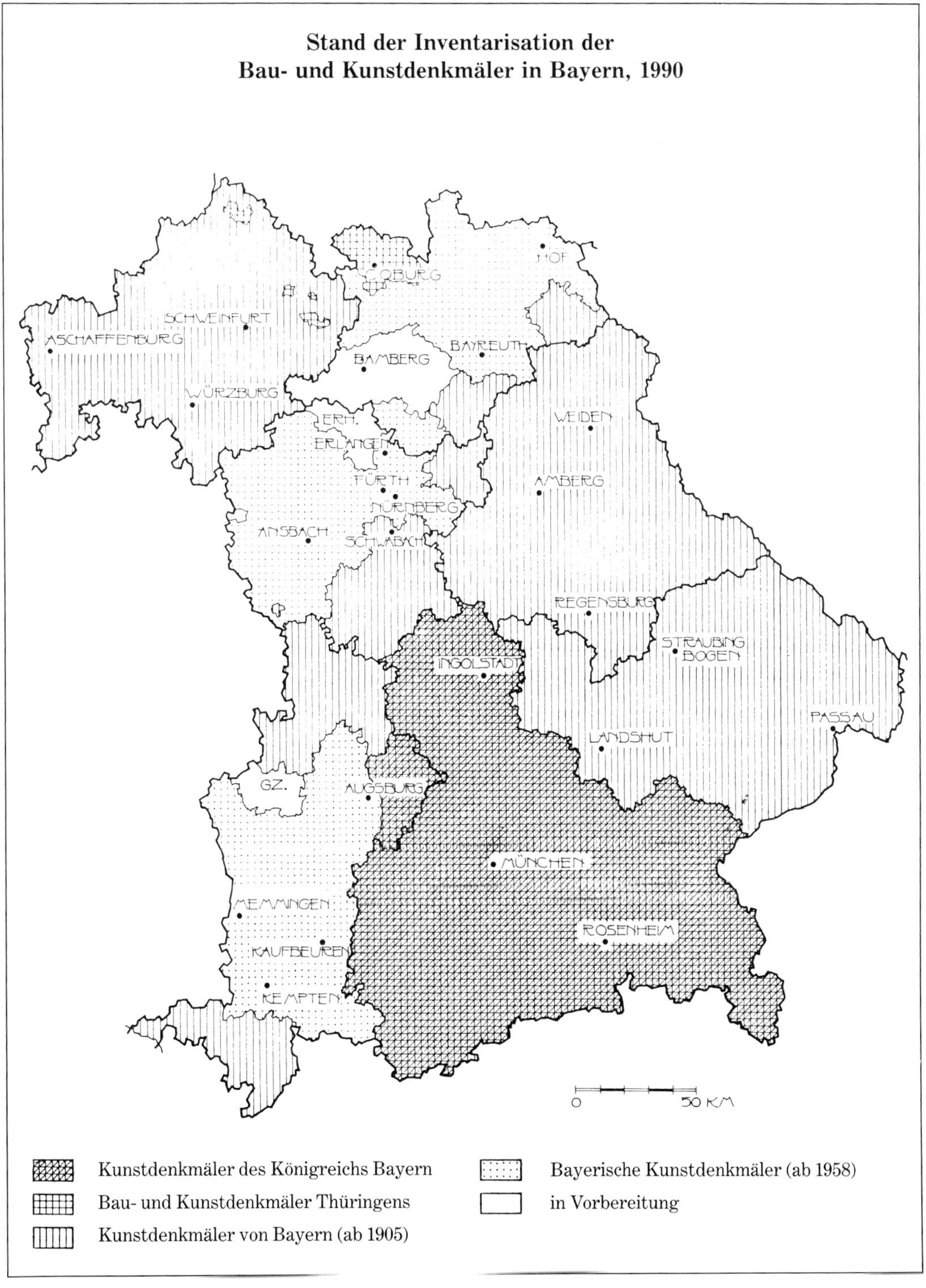

Kunstdenkmäler des Königreichs Bayern

Bau- und Kunstdenkmäler Thüringens

Kunstdenkmäler von Bayern (ab 1905)

Bayerische Kunstdenkmäler (ab 1958)

in Vorbereitung

Die Instandsetzung von Baudenkmälern

Begriff und Ziele der Denkmalinstandsetzung

Inhalt und Umfang der Denkmalinstandsetzung richten sich nach dem Gegenstand von Denkmalschutz und Denkmalpflege. Es geht nicht immer um die großen ästhetischen Werte oder Werke von hohem Alter, auch nicht immer um die Denkmäler bedeutender Architekten, Künstler oder sonstiger großer Persönlichkeiten und Ereignisse. Im Mittelpunkt des denkmalpflegerischen Bemühens steht vielmehr die Vergangenheit, die unsere Gegenwart prägt. Deshalb werden nicht nur die prächtigen Kirchen, Schlösser, Rathäuser und Stadtmauern instandgesetzt, sondern auch die Bauten der Bürger und Bauern, der Technik- und der Wirtschaftsgeschichte.
Immer wieder stellen sich die Fragen:

- Wie läßt sich das Wesentliche bewahren, wenn das Gebäude weiter genutzt werden soll?
- Wie kann man es anders nutzen, um es besser als bisher zu erhalten?
- Welche Methoden und Techniken können angewandt werden, um diese Ziele zu erreichen?

Bei allen Bemühungen der Denkmalpflege spielt eine Erkenntnis eine entscheidende Rolle: In der Regel hat nur das genutzte Baudenkmal eine Chance zu überleben. Nur in Ausnahmefällen können Baudenkmäler einer Nutzung entzogen und zum Museumsstück gemacht werden. Die Instandsetzung eines Denkmals für eine zeitgemäße Nutzung ist daher das zentrale Anliegen der denkmalpflegerischen Praxis.

Allgemein gesprochen dient jede Instandsetzung eines Gebäudes der Behebung vorhandener Mängel. Solche Mängel können z. B. sein:

- Schäden aus dem natürlichen Alterungsprozeß,
- Schäden wegen unterlassenen Bauunterhalts,
- Schäden aufgrund unsachgemäßer Eingriffe und Umbauten,
- Schädigungen aufgrund unangemessener Nutzungen,
- Unzureichende sanitäre und haustechnische Einrichtungen,
- Unzureichender Schall- und Wärmeschutz,
- Unzureichender Brandschutz.

Vielfach wird die Denkmalinstandsetzung mit dem Schlagwort »Altbausanierung« umrissen. Altbausanierung ist aber oft nicht mit Denkmalinstandsetzung gleichzusetzen. Für die Altbausanierung sind meist wirtschaftliche Gesichtspunkte vorrangig. Bei der Denkmalinstandsetzung stehen dagegen die kulturgeschichtlichen Eigenschaften des Bauwerks im Vordergrund. Unter den verschiedenen Instandsetzungsalternativen ist jeweils diejenige auszuwählen, die die historische Substanz am besten bewahrt. Dabei können unter Umständen Mehrkosten entstehen, die dann eine finanzielle Beteiligung der öffentlichen Hand rechtfertigen.

Leider wird die Denkmalinstandsetzung oft noch nach den gleichen Methoden betrieben wie die Errichtung eines Neubaues. Dies kann sich in mehrfacher Hinsicht negativ auswirken:

- Die geschichtliche Qualität des Objektes wird gefährdet.
- Es kommt zu schlechten technischen Ergebnissen, da die Planung die Realitäten des Altbaues nicht genügend erfaßt und berücksichtigt.
- Da sich alte und neue Materialien und Technologien sehr häufig nicht vertragen, schnellen die Sanierungskosten oft unerwartet in die Höhe; eine finanzielle Mehrbelastung des Bauherrn ist die Folge.

Aufgrund dieser Erfahrungen sollte man sich altbaugerechter Planungsmethoden bedienen, die zu effektiveren und sparsameren Ergebnissen führen.

42 Instandsetzungsbedürftiges Giebelhaus aus dem 18. Jh. mit verputztem Fachwerkobergeschoß in Margetshöchheim, Lkr. Würzburg. ▷

43 Desolates Baudenkmal in Wilting bei Cham. Siehe auch Abb. 76–78.

Der Ablauf einer Instandsetzungsmaßnahme

□ Das Vorgespräch

Wer sein Baudenkmal instandsetzen will, sollte sich von der Unteren Denkmalschutzbehörde beraten lassen, die auch den Vertreter des Landesamtes für Denkmalpflege zu einem gemeinsamen Gespräch hinzuzieht. Dieses Gespräch hilft Zeit und Geld sparen, da so Umplanungen vermieden werden. Außerdem kann sich der Bauherr über Finanzierungshilfen beraten lassen. Erster Schritt also: Kontakt mit der Unteren Denkmalschutzbehörde (Landratsamt oder Stadtverwaltung) aufnehmen. Zum Gesprächstermin sollten unbedingt Photos des Hauses (außen und innen) mitgebracht werden. Im Zusammenhang mit diesem ersten Beratungsgespräch wird meist auch eine Besichtigung durchgeführt, damit das Denkmal und die Maßnahmen besser beurteilt werden können.

□ Die Voruntersuchung

Für alle Maßnahmen der Denkmalpflege ist es außerordentlich wichtig, ein altes Gebäude gut zu kennen. Oft müssen deshalb Statik und Konstruktion des Baudenkmals untersucht werden. Um alle Bauschäden und Mängel feststellen zu können, ist unter Umständen ein genaues, die Verformungen des Gebäudes aufzeigendes Bauaufmaß notwendig. Verborgene Schäden können damit analysiert werden, die Baugeschichte läßt sich in ihrem Ablauf nachvollziehen. Mit einer Befunduntersuchung wird die Abfolge historischer Farbgebungen und deren Beschaffenheit festgestellt. Für diese Voruntersuchungen gibt es Fachleute. Die denkmalpflegerische Bestandsaufnahme wird von Bauaufnehmern, die Befunduntersuchung von Restauratoren durchgeführt.

Werden diese Arbeiten fachgerecht erbracht, ist eine Bezuschussung aus Denkmalpflegemitteln möglich.

Die denkmalpflegerische Voruntersuchung vollzieht sich in vier Schritten:

– Der erste Schritt der Voruntersuchung verlangt eine photographische Dokumentation.

– Als zweiter Schritt wird das sog. Bauaufmaß erstellt. Dabei handelt es sich um eine Aufzeichnung der Grundrisse, Fassadenansichten sowie der Längs- und Querschnitte eines Gebäudes in einem bestimmten Maßstab. Bei schiefen, unregelmäßigen, altersdeformierten Bauwerken muß ein »verformungsgetreues Bauaufmaß« erstellt werden. Dieses enthält eine wesentlich präzisere Darstellung des Gebäudes.

– In einem dritten Schritt erfolgt die sog. Befunduntersuchung, also die Erfassung der denkmalpflegerisch wichtigen baugeschichtlichen Befunde und künstlerischen Eigenschaften. In Baudenkmälern finden sich immer wieder wertvolle Dekorationen oder Informationen zur Geschichte, die unter späteren Tünch- oder Putzschichten verborgen sind. Diese Untersuchung muß vor der Schadenserfassung erfolgen, da sonst die Gefahr besteht, daß bei der Schadensuntersuchung die kulturgeschichtlich wichtigen Bereiche der Bausubstanz unwissentlich beschädigt werden. Die denkmalpflegerische Befunduntersuchung nimmt ein Bauforscher oder Restaurator unter Beratung des Bayerischen Landesamtes für Denkmalpflege vor.

– Der vierte Schritt beinhaltet schließlich die Erfassung des Zustandes und der Schäden. Vor Beginn jeder Planung in einem alten Gebäude sollten alle wesentlichen Schadstellen bekannt sein. Für die Erfassung der Schäden muß der Ingenieur oder Bauforscher Erfahrung haben, um Untersuchungen an Stellen zu vermeiden, an denen kein Schaden zu erwarten ist. Großflächige »Untersuchungen« treiben die Kosten hoch und zerstören das Denkmal. Die Untersuchungsstellen müssen nach modernen, möglichst schadensarmen

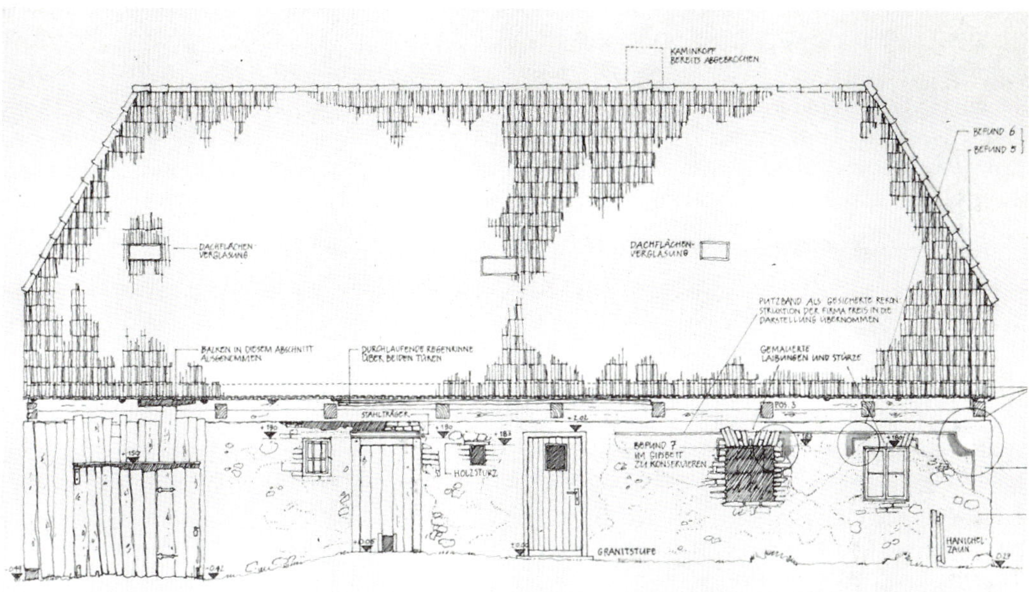

44 Bestandsplan von einem Baudenkmal, wie er im Rahmen von Voruntersuchungen gefertigt wird.

45 Befunduntersuchung. Ermittlung von Farb- und Putzschichten am Goldenen Turm in Regensburg.

Untersuchungsmethoden gezielt und sauber geöffnet werden. Methoden wie Endoskopie und Ultraschalluntersuchungen können dabei hilfreich sein.

Erst die Schlußfolgerungen aus der genauen Voruntersuchung erlauben es, die richtige und sparsamste Instandsetzungsmethode auszuwählen. Ohne Voruntersuchung könnte es sein, daß eine zu teure, eine unwirksame oder eine langfristig schädliche Methode angewandt wird.

Beispiel: Zerklüftetes Mauerwerk wird immer wieder mit Zementsuspensionen verpreßt. Diese Verpressung kann, wenn sie ohne Voruntersuchung durchgeführt wird, zu unerwünschten Folgen und Schäden führen. So kann es etwa aufgrund chemischer Unverträglichkeiten des neuen Bindemittels mit den im Mauerwerk enthaltenen Mineralien zu Treibwirkungen kommen. Daraus folgt dann u. U. die Zersprengung des Mauerwerks; diese ist irreparabel und tritt erst viele Jahre nach Ablauf der heute üblichen Gewährleistungsfristen auf. Solche Folgen können oft mit einer umfassenden Voruntersuchung des Mauerwerks vermieden werden.

□ Das Instandsetzungskonzept

Gut orientiert durch die denkmalpflegerische Voruntersuchung, können nun der Bauherr und sein Architekt, ggf. in Zusammenarbeit mit einem Restaurator, ihr Vorhaben planen. Nutzungsvorstellungen und wirtschaftliche Möglichkeiten müssen nun mit denkmalpflegerischen Gesichtspunkten in Einklang gebracht werden. Auch über Materialien und Arbeitsmethoden wird gesprochen – das Instandsetzungskonzept entsteht. Für die Erarbeitung des Konzepts gibt das Landesamt für Denkmalpflege ein Gutachten ab.

□ Die Finanzierung

Ausschreibung, Kostenangebote, Finanzierungsplanung: Das sind die wesentlichen Inhalte einer soliden Finanzierung. Das präzise Instandsetzungskonzept ist Grundlage für die Durchführung; in ihm sind Art und Umfang der notwendigen Arbeiten festgelegt. Auf dieser Basis können exakte Kostenangebote angefordert werden, die eine genaue Finanzierungsplanung ermöglichen. Jetzt ist auch der Zeitpunkt gekommen, Zuschüsse zu beantragen.
Wer ohne diese Vorbereitungen Kostenangebote einholt – das kommt in der Praxis leider immer wieder vor –, riskiert, daß ihm später die Kosten davonlaufen.

□ Die Genehmigung

Die Zustellung eines schriftlichen Genehmigungs- oder Erlaubnisbescheides ist die Voraussetzung für den Beginn der Arbeiten. Mündliche Zustimmungen sind nicht verbindlich. Öffentliche Zuschüsse und Steuererleichterungen können ohne diese Genehmigung zu Beginn der Arbeiten nicht gewährt werden.

□ Die Durchführung

Als Grundvoraussetzung gilt: Je erfahrener die Baufirma oder Handwerksfirma ist, desto wirtschaftlicher kann gebaut werden, desto geringer wird auch die Gefahr langfristiger Nachfolgeschäden sein. Deshalb sollten die Arbeiten nur von Firmen durchgeführt werden, die über ausreichende Erfahrungen im Umgang mit Baudenkmälern, d. h. mit den Eigentümlichkeiten der historischen Baustoffe, Baukonstruktionen und der alten Oberflächen, verfügen. Vielfach ist es notwendig, alles, was von dokumentarischem Interesse ist, während der Baumaßnahme festzustellen, ggf. auch schriftlich und photographisch festzuhalten.
Das Landesamt für Denkmalpflege steht während der Durchführung der Maßnahme auf Wunsch beratend zur Verfügung.

□ Das Ergebnis

Ob eine Maßnahme auch ein denkmalpflegerischer Erfolg geworden ist, zeigt sich meist

erst am Endergebnis. Allein eine gute Planung aller Arbeiten kann den Erfolg noch nicht garantieren.
Unter dem Gesichtspunkt von Denkmalschutz und Denkmalpflege wird immer entscheidend sein, wie viel vom alten Bestand am Ende erhalten werden konnte, denn historische Substanz ist ja nicht beliebig vermehrbar. Sie läßt sich auch durch Rekonstruktion nicht wiedergewinnen. Fehler können hier anders als bei Neubauten nicht rückgängig gemacht werden.

46 Die eingerüstete Wies-Kirche bei Steingaden, Lkr. Weilheim-Schongau. Ab 1746 errichtet. Restaurierung des Kircheninnenraums.

Überblick über wichtige historische Baustoffe und ihre Probleme

Die historischen Baustoffe wurden aufgrund langer handwerklicher Erfahrung ausgesucht und verwendet. Sie wurden meist am Ort gewonnen oder durch Transport auf den Flüssen herbeigeschafft. Solche Baustoffe, die vielfach mehrere hundert Jahre überdauert haben, sind heutigen Baustoffen an Haltbarkeit häufig überlegen.

Im folgenden sollen einige Informationen über wichtige historische Baustoffe gegeben werden.

47 Barocke Holztreppe im ehemaligen Schlößchen in Biebelried, Lkr. Kitzingen. Mittleres 18. Jh.

48 Nicht sachgemäß instandgesetzte, sandgestrahlte, spätgotische Balkendecke. ▷

□ Holz

Holz war aus Kostengründen und aus Gründen der leichten Verarbeitung und Montage, nicht zuletzt jedoch wegen der hervorragenden statischen und konstruktiven Eigenschaften, der wichtigste Baustoff. Dies gilt vielfach auch heute noch. Die Brandempfindlichkeit erfordert heute wie früher Vorbeugung. Da Holz gegen Schädlinge empfindlich ist, ist der richtige Bauunterhalt und die richtige Verwendung in der Konstruktion Voraussetzung dafür, daß das Holz seine guten Eigenschaften voll behält.

Hierzu einige Beispiele:
- Altes Holz hat vielfach bereits Schädlingsbefall hinter sich. Immer ist zu prüfen, ob der Befall lebend oder tot ist. Haben die Schädlinge z. B. die statische Tragfähigkeit nicht beeinträchtigt, was sehr häufig der Fall ist, so kann solches Holz oftmals im Bau belassen werden.
- Holz wird in Erdkontakt in Pfahlgründungen noch heute gefunden. Solche Gründungen sind in der Regel intakt, solange der Grundwasserspiegel nicht abgesenkt worden ist.
- Holz kommt in der Fachwerkwand, im Blockbau, in Decken und im Dach als statisch tragendes Gerüst vor, dann als Putzträger zum Beispiel in Form aufgerauhter Latten und im Ausbau bei Böden, Türen, Fenstern, Vertäfelungen, Treppen usw.

Die alten Konstruktionen sind technologisch auf die Eigenschaften des Holzes abgestimmt. Ein besonders guter Baustoff in Verbindung mit Holz ist Lehm. Die besten Eigenschaften neben den statisch ausgezeichneten Werten historischer Hölzer sind Reparaturfreundlichkeit, Anpassungsfähigkeit und Flexibilität sowie gutes bauhygienisches Verhalten.

Unter dem Gesichtspunkt von Denkmalschutz und Denkmalpflege können bei der Instandsetzung von Holzkonstruktionen problematisch sein:
Das unbedachte Auswechseln historischer Ausfachungen bei Wänden und Decken,
das zu hohe Dämmen mit Dämmstoffen und Folien,
das Schwächen und Zerschneiden von Teilen des Gefüges,
die unpassende statische Verstärkung mit Beton- oder Stahltragelementen,
der übertriebene Dachausbau, der oft einen langfristigen Schadensprozeß in Gang setzen kann.

□ Bruchsteinmauerwerk

Bruchsteinmauerwerk zählt zu den ältesten Massivbauweisen. Es kommt einschalig gemauert als Ausfachung von Fachwerk vor. Dickere Bruchsteinmauern sind meist zweischalig ausgebildet, d. h., zwei sorgfältig aufgemauerte Außenschalen – meist ohne durchbindende Steine – umschließen einen weniger sorgfältig aufgefüllten, weicheren Kern. Solche Mauern sind sehr anfällig gegen Wasser, das über die Mauerkrone einsickert.

Für die Instandsetzung solcher Mauern gibt es verschiedene Möglichkeiten, zum Beispiel:

Teilweiser Austausch schadhafter Mauerschalen,

Mauerwerksverbesserungen durch Verpressen und eventuell Vernadelung,

Entlastung und Aussteifung durch zusätzliche Konstruktion.

Die Entscheidung, welche Lösung im konkreten Fall die beste ist, kann nur ein Fachmann in Absprache mit einem erfahrenen Denkmalpfleger treffen. Maßgebend ist dabei die genaue Kenntnis des Schadens und die Kenntnis wichtiger baugeschichtlicher Befunde, in die nicht eingegriffen werden darf.

□ Ziegelmauerwerk

Ziegelmauerwerk ist seit dem 12. Jahrhundert in Bayern eingeführt. Dickere Ziegelmauern sind auch als zweischalige Mauern konstruiert und bieten dann statisch im Prinzip ähnliche Probleme wie die genannten Bruchsteinmauern. Unter dem Gesichtspunkt von Denkmalschutz und Denkmalpflege ergeben sich bei historischem Ziegelmauerwerk immer wieder folgende Schadensbilder:

Das Abschlagen von Putz mit maschinellem Werkzeug. Dabei kann die Oberfläche des Mauerwerks zerstört werden;

die Anwendung von Zement beim Neuausfugen und beim Verputzen;

die Ausbetonierung von Fehlstellen, Ausbrüchen, Fundamenten usw.

Die Denkmalpflege legt Wert darauf, daß mit geeigneten Methoden und Materialien an das Ziegelmauerwerk herangegangen wird. So ist es z. B. sinnvoll, mit Kalkmörtel handwerklich im Mauerverband auszubessern und zu ergänzen.

□ Lehm

Lehm kommt hauptsächlich bei Decken und Ausfachungen vor. Er ist bauphysikalisch gesehen für das Klima von Räumen und für Konstruktionen ein guter Baustoff. Sein größter Feind ist die Feuchtigkeit. Mit einem dünnen Kalkmörtelüberzug und einer Tünchung hat man früher Lehm am Außenbau vor Witterung geschützt. Er läßt sich einfach – Fachkenntnis vorausgesetzt – reparieren und ergänzen.

50 Bruchsteinmauerwerk.

◁ **49** Ruinöses Baudenkmal. Holzmühle von 1711 mit Lehmgefachen in Neubrunn, Lkr. Würzburg.

51 Natursteinmauerwerk.

□ Schmiedeeisen

Schmiedeeisen war einer der teuersten Baustoffe in historischer Zeit. Es ist handwerklich immer aufwendig verarbeitet. Gut geschmiedete Nägel, Bänder, Anker aus historischer Zeit fallen heute noch dadurch auf, daß sie korrosionsbeständig sind, auch wenn sie an der Oberfläche eine dünne Schicht Rost angesetzt haben. Die Denkmalpflege setzt sich immer wieder dafür ein, daß die alten Eisenverbindungen, soweit möglich, erhalten, ggf. durch zusätzliche Verstärkungen ergänzt werden.

Zu Seiten 62/63
55 Renaissancefassade am Landschaftshaus »Alte Post« in Landshut. 1599 von Hans Georg Knauf nach einem Entwurf von Hans Pachmayr bemalt. Im 19. Jh. kgl. Postamt.

56 Mit Schindeln verkleidete Fassaden in Scheidegg, Lkr. Lindau. Äußere Erscheinung 19. Jh., im Kern älter (1668 bzw. 1689 erwähnt).

52 Gitter am Hofgarten in Würzburg. Zwischen 1734 bis 1767 von Hofschlosser Johann Georg Oegg hergestellt. ▽

□ Kalkmörtel

Die besten historischen Kalkmörtel kennen wir aus der Antike und aus dem hohen und späten Mittelalter. Mit örtlichen Zuschlagstoffen verarbeitet, haben sie oft eine hervorragende Qualität. Denkmalpflegerisch interessant sind historische Estriche mit ihren Zuschlagstoffen. Auf Reste solcher Estriche achtet die Denkmalpflege. Oft lassen sich Estrichreste in einem neuen Fußbodenaufbau als »Primärdokumente« integrieren.

□ Gläser (Fenster)

Historische Gläser sind inzwischen sehr selten geworden. Doch gibt es immer wieder Fälle, wo sie am Bau erhalten werden können. Die Reparatur des historischen Fensters unter Wahrung des Bestands zählt zu den Anliegen der Baudenkmalpflege.

Die durch lange Erfahrungen erprobten historischen Materialien sind zu Konstruktionen zusammengefügt. Bei ihnen sind die Baumaterialien aufeinander abgestimmt und auch auf Nutzung und Haustechnik bezogen. Das historische Gleichgewicht der Materialien und die konstruktiven Strukturen sollten so wenig wie möglich zerstört werden. Bei ihrer Sicherung ist daher unter dem Gesichtspunkt der Denkmalpflege genaue Beobachtung und »sanftes« Ergänzen dem Einsatz »hundertprozentiger«, langfristig aber schädlicher Sanierungsmethoden vorzuziehen.

53 Reparaturbedürftiges, instandsetzungsfähiges historisches Fenster eines Anwesens in Regensburg. Um 1700. △

54 Historisches Fenster mit Sandsteingewänden, dem originalen Fensterstock und -glas, erste Hälfte 18. Jh., Schloß Weißenstein bei Pommersfelden, Lkr. Bamberg. ▷

Die historischen Oberflächen

Neben den Konstruktionen zählen die originalen Oberflächen, wie Farbe, Putz, Dachhaut usw., zu den wichtigsten Merkmalen der Denkmäler. Sie überliefern in vielen Fällen aufgrund der originalen Werkspuren die handwerkliche Kunstfertigkeit und die künstlerischen Fähigkeiten der Erbauer. Dabei geht es nicht immer um Kunst oder Schönheit bei einer Oberfläche. Oft besitzen sie eine andere historisch wichtige Information: zum Beispiel eine baugeschichtliche, handwerksgeschichtliche oder volkskundliche. Auch die Alterung der Oberfläche kann als unmittelbare Aussage der Geschichtlichkeit ein wesentliches Kriterium für die Denkmaleigenschaft eines Gebäudes darstellen.

Häufig wird zu rigoros gereinigt oder freigelegt. Durch zu intensives Sandstrahlen können z. B. historische Oberflächen und Werkspuren beschädigt oder sogar vernichtet werden. Chemische Reinigungsvorgänge können technisch schädlich sein. In manchen Fällen kann sogar eine scheinbar harmlose, feuchte Reinigung zu Schäden führen. Die Wahl der richtigen Maßnahme – eine schwierige fachliche Entscheidung – sollte man einem Fachmann überlassen.

Imitationen von Oberflächen »in alter Technik« sagen nichts über die Fähigkeiten der in der Vergangenheit arbeitenden Handwerker und Künstler aus. Sie können aber gerechtfertigt sein, z. B. um vorhandene, historische Oberflächen zu ergänzen.

Vielfach herrscht das Vorurteil vor, historische Oberflächen seien »grob« und »rustikal« gearbeitet. In Wirklichkeit haben sich aber in der Regel Handwerker und Künstler bemüht, die Oberflächen zu verfeinern. Daher sind die meisten historischen Oberflächen auch in mehreren Arbeitsgängen geglättet und überfaßt. Nur ein erfahrener Fachmann kann Oberflächenbearbeitungen aus historischer Zeit identifizieren und deshalb die richtigen Ratschläge zum Schutz oder zur Konservierung geben.

Die Fassaden

Wesentlicher Teil der Architektur sind die Fassaden. Die Gliederung ist in erster Linie abhängig vom inneren Aufbau des Hauses und daher unlösbar mit diesem verbunden. Diese Beziehung von »Außen« und »Innen« ist ein wichtiges Charakteristikum eines Baudenkmals und seiner Geschichte. Denkmalpflegerische Erhaltungsbemühungen richten sich daher nie auf die Fassade allein, sondern auf das gesamte Gebäude, als dessen »Gesicht« seine Fassaden allerdings von besonderer Bedeutung sind. Regionale Bautraditionen und Zeitgeschmack, Repräsentationswille des Bauherrn und Art der Bauaufgabe prägen das individuelle Aussehen eines Baudenkmals.

Dem Zeitstil, der Zweckbestimmung, dem gesellschaftlichen Rang und der regionalen Tradition folgend gibt es unterschiedlichste Bautechniken an Fassaden. Steinsichtige und ziegelsichtige Fassaden kommen bereits in

55 △

56 △

romanischer bzw. gotischer Zeit vor. Allerdings gibt es auch damals schon überkalkte, überschlämmte und verputzte Fassaden. Stadtmauern, Burgen und Häuser aus Bruchsteinmauerwerk waren gleichfalls in der Regel immer verputzt. Seit der Renaissance imitierte man in Putz auch Quadersteine, vornehmlich an Sockeln und Gebäudeecken, gliederte durch Rahmungen und Felder, Pilaster und Lisenen, Nutungen und Stuckornamente. Außerdem wurden durchgefärbte Putze verwendet, man malte auf glatt verputzte Wände reiche Architekturgliederungen oder nutzte die gesamten Fassadenflächen für Bildfolgen. Malerei gibt es auf Fassaden schon zu allen Zeiten. In manchen Regionen war es zeitweise üblich, die Fassaden zu verkleiden. Dazu dienten kleinteilige, oft ornamental gliedernde Schindeln, besonders im Allgäu, im Bodenseeraum und in der Rhön, oder Naturschiefer, zum Beispiel im Fichtelgebirge.

Anstrichmaterialien in vorindustrieller Zeit waren in der Hauptsache Kalke; sie wurden mit natürlichen Pigmenten (Ocker, geriebene Holzkohle, fein gemahlene Gesteine) getönt. Als Fresko ausgeführte Anstriche in Kalk besaßen eine unnachahmliche Brillanz und Frische.

Historische Putze, Verkleidungen oder Farbfassungen »erzählen« greifbar etwas über das Architekturverständnis vergangener Zeiten. Ziel der Denkmalpflege ist es daher, das ursprüngliche Gestaltungskonzept zu erforschen, zu dokumentieren und zu erhalten. Kirchenmaler, Restauratoren, Bauforscher und Architekten führen entsprechende Voruntersuchungen durch. Auch wenn nur noch geringe Reste alter Oberflächen am Gebäude vorhanden sind, läßt sich durch eine Befunduntersuchung meistens noch feststellen, wie das Baudenkmal ursprünglich gestaltet war und wie spätere Zeiten das Gebäude interpretiert haben.

Das Dach

Das Dach, seine Form, seine Details und seine Eindeckung sind prägend für jedes historische Gebäude. Historische Deckungen sind von Landschaft zu Landschaft verschieden und können innerhalb einer Landschaft auch bei einzelnen Gebäudetypen unterschiedlich sein. Historische Dachformen reichen vom flachgeneigten bis zum steilen Satteldach, vom Walmdach bis zum Zelt- oder Mansarddach. Das flache, weit überstehende Pfettendach von Holzbauten in der Alpenregion war mit Legschindeln gedeckt, die mit Steinen beschwert und so vor Sturm gesichert waren. Eine ähnlich flache Neigung besteht auch bei den mit schweren Kalkplatten belegten Dächern der Jurahäuser im Altmühlraum. Auf steilere Dächer nagelte man Holzschindeln oder deckte sie mit Reet, Stroh, in einigen Gebieten Frankens auch mit Schiefer. In den meisten Regionen gab und gibt es Ziegeldächer verschiedenster Art. Ziegeleindeckungen setzten sich vor allem in den Städten durch. Hier gab es schon im Mittelalter Vorschriften, die leichter brennbare Eindeckungen mit Holz oder Stroh untersagten. Auf dem Land wurden Ziegeleindeckungen in historischer Zeit bei Kirchen, Klöstern, Pfarrhöfen, bei Amtssitzen und Schlössern verwendet. Im späten 19. Jahrhundert wichen die »weichen« Eindeckungen (Reet, Stroh) zunehmend Ersatzmaterialien. Der maschinell hergestellte Rotdachziegel trat seinen Siegeszug an, auch gewalzte Bleche fanden Verwendung.

57 Mit Schiefer gedecktes Dach eines Stallgebäudes in Kloster Banz, Gmde. Staffelstein, Lkr. Lichtenfels. Nach Plänen von Johann Baptist Roppelt 1782/1785 erbaut.

58 Kalkplattendach einer Feldkapelle in Weißendorf, Gmde. Oberdolling, Lkr. Eichstätt. 19. Jh.

59 Legschindeldach des Regenalmkasers mit »Firstgaube«, datiert 1774, Gmde. Ramsau, Lkr. Berchtesgadener Land.

60 Dachlandschaft der Gemeinde Sommerhausen, Lkr. Würzburg. Ziegeldächer.

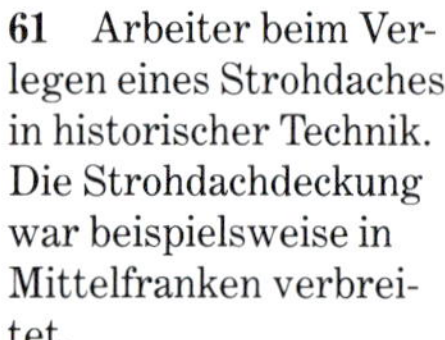

61 Arbeiter beim Verlegen eines Strohdaches in historischer Technik. Die Strohdachdeckung war beispielsweise in Mittelfranken verbreitet.

□ Die Dachinstandsetzung

Bei der Dachinstandsetzung unterscheiden wir zwischen der Dachdeckung (Dachhaut), die für die Wirkung des Denkmals wichtig ist, der Dachdeckung in ihrer Funktion als Schutz des Gebäudes und der Dachkonstruktion als Träger der Dachhaut, die gleichzeitig den Dachraum bildet. Dieser stellte immer eine wichtige Klimazone dar (»Kaltdach«) und war gleichzeitig eine Nutzungszone als Lager- oder Trockenplatz.

Wichtig für die Erhaltung und Instandsetzung eines Gebäudes ist, daß das Dachwerk konstruktiv in Ordnung gebracht wird. Abgefaulte Balkenköpfe oder unsachgemäße frühere Eingriffe in die Konstruktion können zu Verformungen des Dachwerks und zu erheb-

62 Historisches Ziegeldach des 18. Jh.s beim Zehentstadel in Pless, Lkr. Unterallgäu.

lichen statischen Schäden am Haus führen. Bei der Reparatur eines historischen Dachwerks sollte so verfahren werden, daß notwendige Auswechslungen und Ergänzungen vom Zimmermann entsprechend den alten Konstruktionsprinzipien ausgeführt werden und die handwerklich oft meisterhaft ausgeführten Dachwerke vergangener Jahrhunderte sorgfältig restauriert werden. In besonderen Fällen können auch mit modernen Reparaturmaßnahmen (z. B. Beta-Verfahren) Teile historischer Dachwerke erhalten und wieder funktionstüchtig gemacht werden. Eine gute und ausreichende Belüftung ist Voraussetzung dafür, daß das Holz des Dachwerks gesund bleibt. Verschalungen, Isolierungen und Dachausbau sind oft problematisch, weil sie das rechtzeitige Erkennen von Schädigungen erschweren.

Vor einer Reparatur oder Erneuerung der Dacheindeckung muß man sich zunächst Kenntnis über die Tragfähigkeit des Dachwerks und das ursprüngliche Deckungsmaterial verschaffen. In Abstimmung mit der Unteren Denkmalschutzbehörde und dem Landesamt für Denkmalpflege wird ein geeignetes Deckungsmaterial ausgewählt. Dabei wird man unter dem Gesichtspunkt der Denkmalpflege grundsätzlich natürliche Stoffe wie Ziegel, Holz oder Stein modernen Ersatzstoffen vorziehen. Sind noch historische Eindeckungen vorhanden, ist zu überlegen, wie man sie erhalten, ausbessern oder wiederverwenden kann.

□ Der Dachausbau

Dachräume dienten früher meist Lagerzwekken. Sie sind – neben den Kellern – die einzigen Teile bei historischen Nutzbauten, die meist weitgehend unverändert blieben. Häufig vermitteln sie Kenntnisse über die hochentwickelte Zimmermannskunst vergangener Jahrhunderte und lassen das Alter eines Baudenkmals bestimmen.

Vielfach haben die Dachräume heute ihre Funktion als Lagerstätten verloren, und so gibt es Wünsche, Dachräume (Speicher) in Wohnräume umzubauen. Solche Maßnahmen sind jedoch manchmal denkmalpflegerisch gesehen langfristig problematisch, da sich Dachausbauten klimatisch auf einzelne Bereiche der Konstruktion auswirken können. Zudem ist die Dichtigkeit der Dachhaut dann nicht mehr unmittelbar kontrollierbar. Leckschäden werden unter Umständen erst zu spät bemerkt. Auch der Schädlingsbefall kann gerade in den klimatisch bedenklichen Zonen, die nicht ausreichend belüftet sind, nicht mehr kontrolliert werden. Ein Dachausbau kann meist auch zu Eingriffen in die Substanz führen. Auch werden dabei oft zusätzliche Dachöffnungen zur Belichtung der neu geschaffenen Räume erforderlich. Das macht Veränderungen in der Dachfläche und unter Umständen an der Dachkonstruktion notwendig. Bei wertvollen Baudenkmälern sind Dachausbauten daher nicht immer möglich. Doch konnten und können in vielen Einzelfällen – in engem Kontakt mit dem Landesamt für Denkmalpflege – vertretbare Lösungen gesucht und gefunden werden.

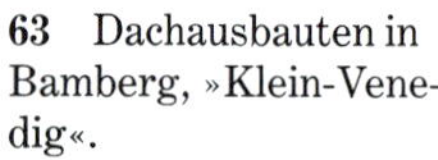

63 Dachausbauten in Bamberg, »Klein-Venedig«.

64 Dachausbauten in Bamberg.

Das Fachwerk

In Franken und Schwaben, aber auch anderen Gegenden prägen Fachwerkgebäude auch heute noch das Gesicht vieler Dörfer und Städte. Ihre konstruktiven und dekorativen Besonderheiten lassen regionale Unterschiede und historische Entwicklungen erkennbar werden. Fachwerkbau ist eine sehr elastische und bei richtigem und ausreichendem Bauunterhalt auch sehr langlebige Konstruktionsart. Das Holz bildet ein tragendes Gerüst, das mit »Gefachen« aus Stein, Ziegel oder auch Lehm über einem Gerüst aus Knüppeln gefüllt wird. Häufig wurden die Hölzer mit Schnitzereien geschmückt und auch farbig bemalt. Doch gibt es Fachwerkgebäude, deren Holzgerüst nur konstruktive Funktionen hatte und daher unter Verkleidungen oder Verputz verborgen wurde.

65 Fachwerkhaus in Nordheim v. d. Rhön, Lkr. Rhön-Grabfeld. Ehemaliges Zehnthaus mit reichem Zierfachwerk, 1682.

□ Die Schäden des Fachwerks

Die meisten Schäden an Fachwerkgebäuden entstehen durch Nässe, die über Sockel und Fundamente von unten oder über undichte Stellen im Dachwerk von oben auf das Bauholz einwirkt. Sie führt zu Fäulnis und Pilzbefall:
Durch tierische Holzschädlinge, vor allem den Hausbock;
durch unsachgemäße Ausbesserungen oder unbedachte Eingriffe in das Holzgefüge, zum Beispiel, wenn bei Umbauten Teile der ursprünglichen Holzkonstruktion herausgeschnitten werden;
durch »Flickwerk« am Holz mit Mörtel oder Zement;
durch vermeintlich »schützende« Verkleidungen oder Verschalungen aus ungenügend luftdurchlässigen Materialien;
durch falsche Anstriche.

66 Renaissancefachwerk, reich gefaßt, in einem Innenraum. Erste Hälfte 17. Jh.

67 Schadhaftes Gebäude mit Sichtfachwerk in Schlömen, Gmde. Neuenmarkt, Lkr. Kulmbach. Kastenhaus mit Laube und Fachwerkobergeschoß, bezeichnet 1722. △

68 Mit Schnitzereien verziertes Fachwerkhaus in Nordheim v. d. Rhön, Lkr. Rhön-Grabfeld. ▷

☐ Die Fachwerkinstandsetzung

Auch beim Fachwerk sind eine Schadensuntersuchung und eine baugeschichtliche Analyse ähnlich wie bei Dachwerken erforderlich, bevor ein Instandsetzungskonzept entsteht. Der Fachmann kennt die Bereiche, die schadensverdächtig sind und untersucht sie, ohne zu stark einzugreifen.
Einige Beispiele:
Kranke, angefaulte Holzteile sollten mit gleichem, gut getrockneten und handwerklich entsprechend bearbeiteten Holz ausgebessert oder ersetzt werden; die alten Holzverbindungen sind dabei sorgfältig wiederherzustellen.
Risse von mehr als einem Zentimeter Breite werden mit Holz ausgespänt. Schmälere Risse schützt man durch Anstriche bis tief in die Fugen hinein.
Die Gefache sollen, soweit technisch möglich, vollständig erhalten werden. Eine »Renovierung«, bei der lediglich die hölzerne Fachwerkkonstruktion als Gerippe erhalten bleibt, aber alle Ausmauerungen »ausgeblasen« werden, zerstört wesentliche Teile des Baudenkmals und beseitigt oft wertvolle Reste historischer Bemalung.
Putze auf den Gefachen sollen flach auslaufend bis an die Holzbalken herangeführt werden.
Bei Gefachen aus Lehmziegeln oder Lehmschlag sollte man Ausbesserungen wieder in der alten Technik mit Lehm vornehmen.

☐ Fachwerk freilegen?

Nicht bei jedem Fachwerkgebäude war ursprünglich beabsichtigt, die Konstruktionshölzer zu zeigen. Besonders im Barock hat man Fachwerkgebäude von vornherein häufig so gebaut, daß ihre Fassaden abschließend glatt überputzt wurden. Konstruktionen, die nicht als Sichtfachwerk konzipiert waren, bleiben besser weiterhin verborgen. Eine Freilegung würde dem historischen Bild des Gebäudes nicht entsprechen. Andere Gebäude, deren Fachwerkkonstruktion ur-

sprünglich sichtbar war, wurden in späteren Zeiten oft aus geschmacklichen Gründen überputzt oder mit Verschalungen versehen, vor allem wenn das Holzgerüst durch den Einbau anderer, größerer Fenster oder Türen stark verändert wurde. Auch solche durch Umbauten entstellte Fachwerke sind meist für eine Freilegung nicht mehr geeignet, da sich das ehemalige Erscheinungsbild nicht mehr rekonstruieren läßt.
Durch Infrarot-Aufnahmen, bei denen ein verputztes Fachwerk durch die unterschiedliche Wärmeabstrahlung von Holzgerüst und Ausfachung wie auf einer Röntgenaufnahme sichtbar gemacht werden kann, lassen sich Informationen über Form und Vollständigkeit einer verputzten Fachwerkkonstruktion gewinnen. Ein solcher Einblick kann Entscheidungshilfen auch für die Überlegungen zu einer Freilegung von Fachwerken geben.

69 Thermographische Aufnahme, die Wärmeverluste sichtbar macht.

□ Farbiges Fachwerk

Während man bis vor etwa einem Jahrzehnt glaubte, das Holzgerüst eines historischen Sichtfachwerks sei am besten dunkelbraun zu streichen oder einzulassen, die Gefache dagegen seien weiß zu tünchen, zeigte sich, daß es an alten Fachwerkgebäuden immer wieder bemerkenswerte farbige Fassungen gab, sowohl im Inneren wie am Außenbau. So war Sichtfachwerk früher manchmal auch gelb, kräftig rot oder auch leuchtend blau gefaßt. Dabei wurden die oft unregelmäßig breiten Hölzer optisch korrigiert, indem man mit dem Farbanstrich seitlich über das Holz auch auf den anschließenden Putz hinausging, um die Form auszugleichen. Zudem rahmte man die Hölzer und Gefache mit farbigen Begleitstrichen und gestaltete die Putzflächen auch manchmal mit freskalen Darstellungen oder Ornamenten. Anliegen der Denkmalpflege ist es vielfach, diese historische Erscheinung des Fachwerks wieder zu gewinnen.

70 Farbiges Fachwerk. Gasthof Schwan in Schwand, Gmde. Schwanstetten, Lkr. Roth. 17. Jh.

Technische Verbesserungen im Rahmen von Instandsetzungsarbeiten

Bei der Instandsetzung wird immer wieder von technischen Standards ausgegangen, die für Neubauten in neuen Normen festgelegt sind. Dabei wird übersehen, daß die alten Gebäude oft in einer Technologie errichtet wurden, die der Technologie moderner Baustoffe nicht entspricht. Die Anpassung an Neubau-Normen führt oft zur Auswechslung alter Bauteile, so daß Denkmäler manchmal ihre Denkmaleigenschaften verlieren. Durch Hinzufügung neuer Materialien, zum Beispiel von Dämmstoffen, Dampfsperren und Dichtungsstoffen, können langfristig Schäden entstehen, wenn sich die neue Technologie mit der alten nicht verträgt.

Wesentliche Problembereiche sind vor allem auf bauchemischem und bauphysikalischem Gebiet vorhanden. Sie werden durch heutige höhere Anforderungen an den Komfort verschärft. Oft geraten auch heutige statische Forderungen mit der alten Bausubstanz in Konflikt.

71 Ein Arbeiter beim Verpressen einer Mauer zur Stabilisierung. Vor der Anwendung neuer Techniken in alten Gebäuden sollte immer geprüft werden, ob die Techniken mit den historischen Materialien verträglich sind.

72 Ein entkerntes Baudenkmal – denkmalpflegerisch eine Notlösung zur Rettung von Außenmauern.

Perfekte Lösungen, die allen Vorstellungen gerecht werden, gibt es nicht. Will man nicht das Baudenkmal ganz oder in wichtigen Zonen abbrechen, muß man Kompromisse schließen und die Anforderungen zurücknehmen. Anzustreben sind Verbesserungen, die ohne Zerstörungen wieder rückgängig gemacht werden können, wenn sich herausstellt, daß sie sich als schädlich erweisen. Für Verbesserungen sind möglichst der alten Technologie verwandte Verfahren und Baustoffe zu wählen. Viel ist oft schon gewonnen, wenn man von überzogenen Nutzungsvorstellungen wieder Abstand nimmt.

Es lohnt sich in aller Regel, bei den vielen Fragen der möglichen Verbesserung unvoreingenommen vom alten Bestand auszugehen und eine möglichst einfache und preiswerte Lösung zu wählen. Das alte Haus erzählt meist selbst genügend über seine Schwächen und die zu ihm passenden Wege der Instandsetzung.

Beispiele aus der Praxis

☐ Das Anwesen Hinterbrandlehen in Schönau am Königssee, Landkreis Berchtesgadener Land, Vorderstraße 95

Das Hinterbrandlehen, ein Zwiehof, befindet sich in weltabgeschiedener Lage auf einer noch erkennbaren spätmittelalterlichen Rodungsinsel am östlichen Abhang einer bewaldeten Rückfallkuppe des Obersalzberges. Das noch aus der ersten Hälfte des 16. Jahrhunderts stammende Anwesen verkörpert die älteste noch erhaltene Form eines Berchtesgadener Wohnspeicherhauses (»Feuerhaus«), seine Anlage als »Gmoa« (Doppelhaus) mit den knapp bemessenen Grundrißzuschnitten ist volkskundlich und sozialgeschichtlich beispielhaft für die ärmlichen bergbäuerlichen Verhältnisse des ausgehenden Mittelalters.

Der Stallstadel, ein Rundholzblockbau in einfachster Zimmermannsarbeit, mit traufseitiger Hochtenne, war mit der Jahreszahl 1575 datiert. Das im rechten Winkel zum »Feuerhaus« situierte »Futterhaus« erweist sich ebenfalls als ein außergewöhnlich urtümliches Original von sehr derber, aber solider Zimmerung. Der zugehörige Feldkasten, ein zweigeschossiger Bau mit zwei übereinandergesetzten Blockbaukästen, ist auf das Jahr 1792 datiert, veranschaulicht aber in dieser Form einen älteren Typus.

Diese Zwiehofanlage ist als zweiter vollständig erhaltener Berchtesgadener Zwiehof der ältesten auf uns gekommenen Bauform ein Dokument ersten Ranges.

Die Restaurierung des Wohnspeicherhauses, die sich über Jahre hinwegzog, gilt heute als denkmalpflegerische Pioniertat – das gesamte, teilweise schon verformte und aus der Wandflucht ausgeknickte Blockwerk konnte in Originalsubstanz erhalten werden.

Nach einer sehr behutsamen Restaurierung der Fenster, Türen und Tore, der Laube, der Böden und Decken erhielt das Haus wieder ein Legschindeldach, welches ohne Zuhilfenahme auch nur eines einzigen Nagels auf das vorhandene Blechdach aufgelegt wurde. Auch die hölzernen Dachrinnen wurden mit traditionellen Bauteilen befestigt, also mit »Schwingen« und »Spannern« aus naturgebogenen Lärchenstämmchen. Im Inneren des Wohnhauses kam man ohne jegliche »Modernisierung« aus – die leiterähnliche, wohl weit über 400 Jahre alte, aus einem einzigen Stamm gehauene Treppe ist neben der hangseitigen Freitreppe zur Hochlaube die einzige Verbindung zum »Obenauf«. Der Stubenofen wurde funktionstüchtig gemacht, Fußböden, Decken und Blockwände behutsam ausgebessert.

Bei der sehr schwierigen Restaurierung des verfallenden Stadels mußten unter anderem auf der Südseite die zum Teil sehr schadhaften Blockwandbalken ausgewechselt werden; an verschiedenen Stellen waren diese wieder senkrecht zu richten. Der Scheunenteil mußte aus Standsicherheitsgründen teilweise ausgesteift und unterfangen werden.

So konnte das Hofbild in völlig unberührter Lage bewahrt werden. Hervorzuheben ist die hohe Arbeitsleistung der Eigentümer, die gemeinsam mit Verwandten und Bekannten jahrelang umfangreiche »Hand- und Spanndienste« leisteten.

73 Zwiehof Hinterbrandlehen in Schönau am Königsee. Berchtesgadener Wohnspeicherhaus aus der ersten Hälfte des 16. Jahrhunderts. Hervorragendes Beispiel für die unberührte historische Situierung eines Baudenkmals in der Landschaft. ▷

☐ Das Anwesen Unterminderdorf, Haus Nr. 2, Gemeinde Sulzberg, Landkreis Oberallgäu

74/75 Einfirsthof von 1787 in Unterminderdorf, Gmde. Sulzberg, Lkr. Oberallgäu. Vor und nach der Instandsetzung.

Das auf das Jahr 1787 datierte Bauernhaus repräsentiert den Typus des historischen Einfirsthofes. Der Wirtschaftsteil des Anwesens schließt unmittelbar an den Wohnteil an.

Das Gebäude ist als Fachwerkbau mit Hakenschopf konstruiert. Hervorzuheben sind die reich geschnitzten Andreaskreuze mit Rauten. Die Holzarbeiten legen ein hervorragendes Zeugnis von der Bau- und Handwerkskunst der zweiten Hälfte des 18. Jahrhunderts im Gebiet des heutigen Oberallgäu ab.

Das Baudenkmal befand sich in einem sehr heruntergekommenen Zustand. Teilweise war es bereits baufällig. Ein Abbruch konnte nicht mehr ausgeschlossen werden. Eine intensive Auseinandersetzung mit dem Gebäude ergab, daß zumindest der historische Wohnteil noch sanierbar war. Die Holzkonstruktionen des Erdgeschosses konnten zwar nicht gehalten werden; dagegen gelang es, das gesamte Fachwerk des Obergeschosses, insbesondere aber des Giebels, instandzusetzen. Alle noch brauchbaren Originalbauteile wurden dabei wieder verwendet. Das Dach erhielt eine angemessene Bedachung nach originalem Vorbild.

Ein besonderes Problem bildete der Wunsch der Eigentümer, einen voll funktionsfähigen Landwirtschaftsbetrieb in dem historischen Gebäude unterzubringen. Die betrieblichen Erfordernisse mußten mit dem zu erhaltenden historischen Erscheinungsbild des Einfirsthofes abgestimmt werden. Die Maßstäblichkeit mußte gewahrt werden. Trotz dieser durch die historischen Bedingungen vorgegebenen Beschränkungen ist es gelungen, in das Gebäude einen voll funktionsfähigen landwirtschaftlichen Betrieb mit 25 Kühen und 12 Stück Jungvieh zu integrieren.

Insgesamt gesehen kann die Instandsetzung des Anwesens gerade unter dem Gesichtspunkt der Integration eines landwirtschaftlich voll betriebsfähigen Hofes als vorbildlich bezeichnet werden.

□ Das Waldlerhaus in Wilting bei Cham

Das um 1820 errichtete Haus vertritt einen Sondertyp der vor allem im Böhmerwald, im Oberpfälzer und im Bayerischen Wald verbreiteten Hauslandschaft »Waldlerhaus«, wie er im südwestlichen Teil des Landkreises Cham nur noch in einigen Exemplaren zu finden ist.
Es handelt sich dabei um erdgeschoßige Wohnstallbauten mit genutztem Dachraum (über dem Wohnteil: Schlafkammern, über dem Stallteil: Bergeraum, Traidboden). Sämtlichen Vertretern dieser Sonderform sind Charakteristika eigen, wie sie auch an diesem Gebäude festgestellt werden können: gezimmerter Kniestock und Giebel sowie mittig – als Aussteifung – daran anbindende Blockwand, steiles Pfettendach mit beidseitigen Aufschieblingen, beidseitiger Halbwalm mit ursprünglicher Scharschindeldeckung, auf halber Gebäudelänge angeordneter Firstkamin, über Eck angeordnete Wohnstube mit zwei plus zwei Fenstern und traufseitiger Hauseingang.
Das Gebäude Wilting 8 diente als Austragshaus: in der Oberpfalz führt es die dort geläufige Bezeichnung »Ausnahmshaus«.
Das Haus stand seit einem Jahrzehnt leer. Eine eingehende Untersuchung ergab, daß die Bausubstanz trotz des nahezu ruinösen Zustands noch sanierbar war. Unter Wahrung des ursprünglichen Erdgeschoßgrundrisses wurden folgende Maßnahmen durchgeführt:
Wiedererrichtung der ursprünglichen Kaminanlage, Restaurierung und teilweise Erneuerung von Deckenkonstruktionen, Fenstern und Türen, Erneuerung von Fußböden, Herstellung der ursprünglichen Dachform im Bereich der Eingangsseite, d. h. der im Ansatz noch deutlich erkennbaren »Gred«, Instandsetzung der Dachkonstruktion und Erneuerung der Dachhaut mit Scharschindeln, Restaurierung der Blockwände und des Innenputzes, des Fassadenputzes sowie Anstricharbeiten in Kalktechnik, Ausbau des Dachgeschosses für Wohnzwecke und Einbau einer auf das Waldlerhaus abgestimmten Haustechnik.

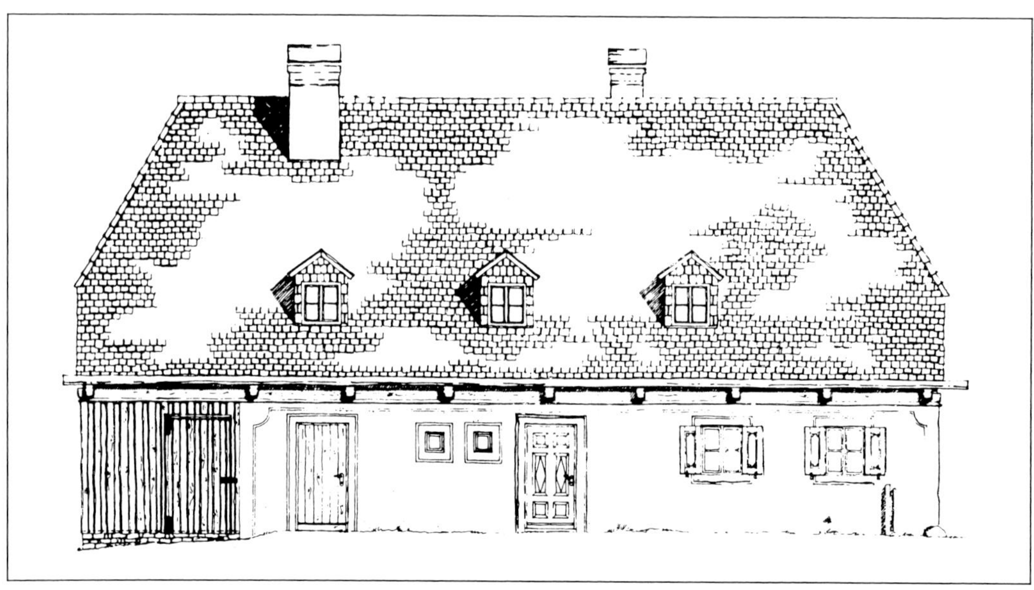

76–78 Waldlerhaus von 1820 bei Cham. Wohnstallbau mit genutztem Dachraum. Bestandsplan. Baudenkmal vor und nach der Instandsetzung.

□ Das ehemalige Handwerkerhaus in Augsburg, Saurengreinswinkel 10

Das ehemalige Handwerkerhaus in Augsburg, Saurengreinswinkel 10, gehört zur historischen Bebauung des sog. Ulrichs-Viertels. In diesem Stadtquartier waren in der frühen Neuzeit, in der 2. Hälfte des 16. Jahrhunderts und später, Kleinhandwerker, meist Weber, ansässig. Neben handwerklichen Produktions- und Wohnstätten waren in diesen Häusern gleichzeitig Mietwohnungen, häufig lediglich Schlafunterkünfte, untergebracht. Von den Zerstörungen des Zweiten Weltkrieges weitgehend verschont, dokumentieren diese Baudenkmäler eine einfache, ärmliche Konstruktionsweise mit Außenwänden aus Ziegelmauerwerk und Wohnungstrennwänden aus senkrechten Holzbohlen, deren Stoßfugen mit profilierten Leisten abgedeckt sind; die Bohlen werden jeweils in der Nut von Stützen- und Deckenkonstruktionen gehalten. In der Regel wurden die Innenwände im 18. oder 19. Jahrhundert aus schalltechnischen oder ästhetischen Gründen verputzt.

Anläßlich einer Begehung mit dem Bayerischen Landesamt für Denkmalpflege zeigte sich eine bis dahin unerkannte und einmalige Besonderheit: In dem zur Straßenseite zwei-, zur Hofseite dreigeschossigen Anwesen waren die bauzeitlichen Oberflächen der Innenwände weitgehend unberührt, das heißt unverputzt überliefert; ebenso weite Teile der Grundrißanlage und des Erschließungssystems. Den Eigentümern wurde die Bedeutung eines wichtigen Dokumentes der Augsburger Bau- und Wohnkultur mit der gesamten darin beinhalteten Problematik einer modernen Wohnnutzung erläutert.

Zur Voruntersuchung konnten vorhandene Bestandspläne herangezogen werden; die einzelnen historischen Konstruktionen und

79/80 Ehemaliges Handwerkerhaus in Augsburg von 1550. Vor und nach der Instandsetzung.

Oberflächen wurden eingetragen, die wenigen modernen, unter Tapeten oder Putzen verborgenen Konstruktionen gesichtet. Die durch einen Bauforscher ausgeführten Arbeiten verdichteten nochmals die Kenntnis des historischen Bestandes, beispielsweise einer als Oberlicht dienenden Balustrade im Erdgeschoß. Gleichzeitig wurden durch gezielte und sorgfältig ausgeführte Wand-, Boden- und Deckenöffnungen die Bauschäden geklärt. Ein Kirchenmaler untersuchte die Oberflächen, die Anstrich- und Fassungsschichten. Der Bestand wurde photographisch dokumentiert. Zusätzlich konnten schriftliche Archivquellen herangezogen werden, die die Besitzverhältnisse und die Nutzung als Weberhaus belegten. Zwar brachte die Jahresringuntersuchung der Hölzer kein Ergebnis, doch war eine Datierung des Hauses aufgrund der schriftlichen Quellen und anhand von lokalen Vergleichsbeispielen in die Zeit um 1550 möglich.

Mit dem aus der Voruntersuchung resultierenden Kenntnisstand wurde das Instandsetzungskonzept erarbeitet. Relativ einfach war die Anpassung an moderne Wohnvorstellungen, Kompromisse konnten gefunden werden. Die Eigentümer, inzwischen von der Bedeutung ihres Anwesens überzeugt, waren bereit, alte Türen, dadurch auch niedrige Raumhöhen, und die historischen Wandgestaltungen in Kauf zu nehmen und auf die mit dem Denkmalwert zu vereinbarenden Veränderungsmöglichkeiten einzugehen. Problematischer war zunächst eine Abstimmung der denkmalpflegerischen mit den übrigen Belangen, den Forderungen beispielsweise des Brandschutzes und der Wohnbauförderung.

Die Durchführung der Instandsetzung wurde im großen Umfang durch den Eigentümer in Eigenleistung vollzogen. Unter seiner ständigen Aufsicht (er war »vom Fach«) wurden die Installationsarbeiten von Fachfirmen ausgeführt, restauratorische Arbeiten leistete ein Kirchenmaler. Die auch bei Beteiligung von im Umgang mit historischer Bausubstanz erfahrenen Firmen notwendige intensive Bauleitung und Bauüberwachung waren somit vorhanden. Bereits im Vorfeld, als Auflage in der Baugenehmigung gefordert, war ein detaillierter Maßnahmenkatalog erarbeitet worden. Für den Eigentümer bot dies eine nochmalige Überprüfungsmöglichkeit des Finanzierungsplanes und eine endgültige Abstimmung mit den denkmalpflegerischen Belangen. Da naturgemäß dennoch immer wieder Detailprobleme und -ergebnisse zu diskutieren waren, fanden in etwa 14tägigem Turnus weitere Beratungsgespräche mit dem Landesamt für Denkmalpflege statt, wurden kurzfristig unvermutete Fragestellungen gelöst.

Wenn die Instandsetzung des Hauses Augsburg, Saurengreinswinkel 10, aus der Sicht der Denkmalpflege als positiv zu werten ist, so kann dies als ein Ergebnis der konstruktiven Zusammenarbeit aller Beteiligten gesehen werden. Das Sanierungsergebnis beinhaltet eine Anpassung an moderne Wohnnutzungsvorstellungen. Soweit keine historische Bausubstanz nachteilig betroffen war, wurden den individuellen Ansprüchen der Eigentümer keine Einschränkungen von seiten der Denkmalpflege entgegengesetzt. Gleichzeitig konnte das Haus seine historischen Eigenheiten und somit seinen Charakter und Charme bewahren.

81 Erdgeschoß, Raum östlich des Treppenhauses.

82 Dachgeschoß des ehemaligen Handwerkerhauses in Augsburg. Anliegen der Denkmalpflege ist es, auch die historischen Dachstühle als Zeugnisse der Handwerkskunst zu erhalten.

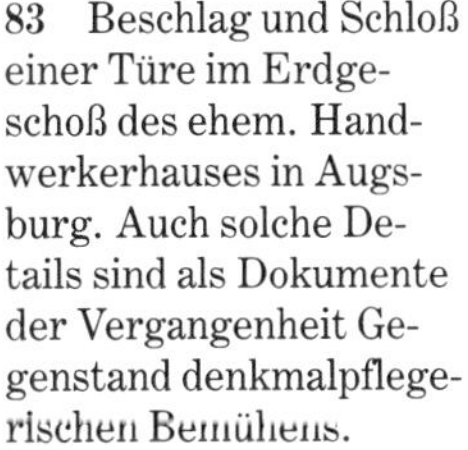

83 Beschlag und Schloß einer Türe im Erdgeschoß des ehem. Handwerkerhauses in Augsburg. Auch solche Details sind als Dokumente der Vergangenheit Gegenstand denkmalpflegerischen Bemühens.

□ Anwesen Schustergasse 20, 8713 Marktbreit, Landkreis Kitzingen

84/85 Bürgerhaus von 1607 in Marktbreit, Lkr. Kitzingen. Vor und nach der Instandsetzung.

Bei dem 1607 datierten Gebäude handelt es sich um ein Bürgerhaus. Über einem hoch angelegten Keller erhebt sich das Bruchsteinmauerwerk des Erdgeschosses. Darauf sind, in Fachwerkkonstruktion mit reich profilierten Stockwerkgesimsen, Ober- und Dachgeschoß des Giebelhauses aufgesetzt. Der steinerne Sockelbau wird, neben den Tür- und Fenstergewänden, durch den bündig eingesetzten Eckpfeiler an der Ostecke des Hauses, durch die aufgemalten roten Eckquaderungen an der Nordecke und durch das vorspringende, gekehlte Steingesims gegliedert. Das Fachwerk ist als Sichtfachwerk ausgestattet; es besticht durch die Proportionierung von Hölzern und Gefachen sowie durch Zierformen wie Andreaskreuze und durchkreuzte Räder über dem Eingang und im Giebeldreieck. Die Haupteingangstüre wird von einem schön gearbeiteten Rundbogengewände gerahmt.

Hervorzuheben ist der originale Grundriß im Innern des Hauses. Alle Wände sind noch vorhanden. Die Ausbauteile wie Türen und Fenster stammen überwiegend aus dem 18. Jahrhundert. Die gewendelte Treppe ist noch dem 17. Jahrhundert zuzurechnen.

Das Bürgerhaus liegt an dem einzigen Platz der Stadt neben dem Marktplatz. Dort nimmt es eine dominierende Stellung ein. Es hat also auch hervorragende, städtebauliche Bedeutung.

Das Baudenkmal befand sich in desolatem, stellenweise ruinösen Zustand. Ein Abbruch wurde erwogen, da zunächst der Kostenaufwand für eine Sanierung unkalkulierbar erschien. Eine eingehende Untersuchung ergab, daß die Bausubstanz trotz des stark angegriffenen Zustandes noch sanierbar ist. Die defekten Fachwerkpartien wurden repariert. Auch bei der Erhaltung und Wiedereinsetzung der Gefache konnten denkmalpflegerisch-fachlich einwandfreie Lösungen gefunden werden. Die originalen Fenster wurden, soweit möglich, erhalten. Eine eingehende Untersuchung brachte die originale Farbigkeit des Gebäudes wieder zum Vorschein. Mit seiner roten Fassung setzt es einen unübersehbaren Akzent in Marktbreit und erinnert an den Wohlstand, den seine Bürger schon im 16. und 17. Jahrhundert erwerben konnten.

□ Das Wintersche Fachwerkhaus in Nördlingen, Landkreis Donau-Ries

Bei dem Winterschen Haus handelt es sich um eines der bedeutendsten und schönsten Bürgerhäuser der Stadt Nördlingen. Es zeichnet sich durch eine reiche, gut erhaltene Innenausstattung aus, die in diesem Umfang und in dieser Qualität äußerst selten ist. Das 1678 erbaute, stattliche, dreigeschossige Haus mit hohem Satteldach besitzt eine Giebelseite mit reich geschnitzter Eingangstür und eine Traufseite mit fünf Fensterachsen. Rückwärts schließt sich ein kleiner Hausgarten an. An dieser Seite ist der bei diesem Haustyp übliche zweigeschossige Laubengang mit den alten Abtritten integriert. Das Erdgeschoß ist massiv gemauert und verputzt, die Obergeschosse und der Giebel sind in Fachwerk errichtet. Auffallend sind die beiden reich geschnitzten Eckstützen der Obergeschosse, die neben einem Doppeladler auch die Initialen des Erbauers, eines angesehenen Nördlinger Bürgers, zeigen.
Im 18. Jahrhundert wechselte das Haus mehrmals den Eigentümer, ehe es 1845 von einem Lohweber namens Jakob Winter und seiner Frau erworben wurde. Er richtete im Erdgeschoß eine Werkstatt ein und ließ 1877 einige Modernisierungsmaßnahmen durchführen.
Das Haus war abgewohnt, die notwendigen Instandhaltungsmaßnahmen unterblieben. Schließlich war das Erdgeschoß wegen Mauerfeuchtigkeit nicht mehr bewohnbar, das Dach wies Schäden auf, die Installation und Sanitäranlagen waren überaltert und erneuerungsbedürftig.
Ein junger Unternehmer, der das Haus erwarb, entschloß sich zu seiner Restaurierung. Sie erfolgte in kleinen Schritten und in mehreren, jeweils finanzierbaren Abschnitten. Zunächst reparierte man das Dachgeschoß. Das Mauerwerk im Erdgeschoß wurde entfeuchtet; die Installationen und Sanitäranlagen wurden modernisiert. Dem Bauherrn war besonders daran gelegen, die alte Atmosphäre des Hauses zu erhalten bzw. durch restauratorische Maßnahmen wiederzugewinnen. Der Hausgrundriß blieb im wesentlichen erhalten, und nicht nur das: Spätere Veränderungen am Original-Grundriß wurden, soweit für die neue Nutzung sinnvoll, rückgängig gemacht. Das barocke Treppenhaus und die gefaßten und gerahmten Türen besaßen reizvolle Bemalungen und zum Teil noch alte Beschläge und Schlösser – kunsthandwerkliche Meisterleistungen des ausgehenden 17. Jahrhunderts. Sie wurden fachgerecht instandgesetzt. Die alten Fenster wurden repariert, alte Gläser vollständig erhalten, fehlende durch alte ersetzt. Die historischen Umbauten im Erdgeschoß wurden respektiert. Der Bauherr verzichtete sogar dort, wo durch Einbau der Vorblendung Beschädigungen an wertvollen historischen Ausbauteilen entstanden wären, auf den Wärmeschutz. Das ehemalige Sichtfachwerk im Inneren legte man dort, wo es mit der neuen Nutzung der Räume vereinbar war, frei und restaurierte seine farbige Fassung.

86/87 Wintersches Fachwerkhaus von 1678 in Nördlingen. Vor und nach der Instandsetzung.

88 Wintersches Fachwerkhaus. Restaurierte Haustür von 1697.

89 Wintersches Fachwerkhaus. Restaurierte Zimmertür im 2. OG.

In anderen Räumen wurde der vorgefundene Bestand (Zustand) durch Fotoaufnahmen und genaue Vermaßung festgehalten; danach überdeckte man das Fachwerk mit schützenden Wandverkleidungen.
Die denkmalpflegerischen Mehraufwendungen wurden vom Staat gefördert. Stark kostendämpfend wirkte sich aus, daß der historische Baubestand und die alte Ausstattung weitgehend erhalten und vorschnelle Änderungs- und Auswechslungsmaßnahmen vermieden wurden.
Insgesamt blieb das prachtvolle und repräsentative Ambiente des barocken Bürgerhauses erlebbar, ohne daß eine moderne Nutzung beeinträchtigt wurde.

90 Wintersches Fachwerkhaus. Dielengänge im 2. OG.

□ Das Anwesen Judenstraße 12 in Bamberg

91/93 Münzmeisterhaus in Bamberg, mehrteilige Gebäudegruppe. Über älteren Resten im wesentlichen drittes Viertel 16. Jh. Um 1740/1750 Umgestaltung vor allem des Eckgebäudes. Vor und nach der Instandsetzung.

Das Anwesen Judenstraße 12 in Bamberg, das sog. »Münzmeisterhaus«, gehört zu einer Gebäudegruppe auf dem Eckgrundstück zwischen der Judenstraße (in direkter Nachbarschaft zu dem berühmten Böttinger-Haus) und der Eisgrube. Es setzt sich aus dem dreigeschossigen Hauptgebäude an der Judenstraße und den Seitenflügeln im Süden und im Norden zusammen. Im Westen schließt der Renaissancebau Eisgrube 1 a den Hof des Anwesens ab. Im Anschluß an den linken Seitenflügel führt eine einläufige Treppe mit einer spätgotischen Balustrade zu einem Garten. Hervorzuheben ist die wertvolle Innenausstattung. Ein für Bamberg typisches stukkiertes Treppenhaus zeichnet das Gebäude ebenso aus, wie reich dekorierte Räume im Inneren.
Infolge Vernachlässigung des Bauunterhalts befand sich das Gebäude in einem schlechten Zustand. Die wohnlichen Verhältnisse waren unzumutbar geworden. Im sanitären Bereich herrschten schwerwiegende Mißstände.

Die Eigentümerin ließ unter Mitwirkung der zuständigen Behörden ein fachlich einwandfreies Instandsetzungskonzept entwickeln. Die originalen Grundrisse wurden wiederhergestellt, störende Einbauten wurden entfernt. Die sanitären Anlagen konnten instandgesetzt werden. Die Hofsituation wurde bereinigt. Insgesamt gesehen präsentiert sich das Gebäude heute so, wie es einmal im 18. Jahrhundert geplant war, als stattliches Wohn- und Mietshaus, das vom Reichtum und vom Ansehen seiner Eigentümer erzählt.

91 △

92 ▽

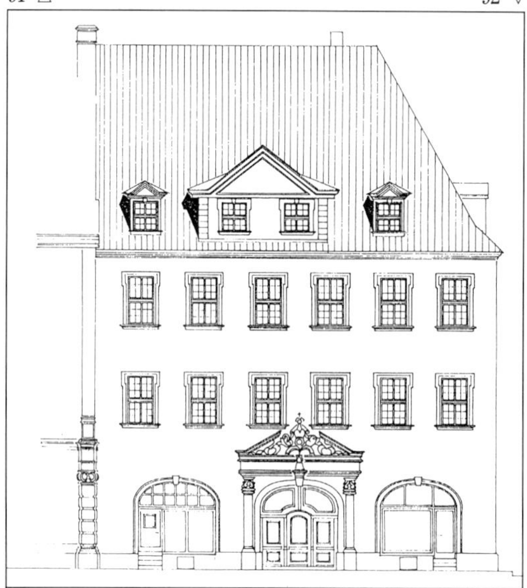

92 Nordostansicht des Hauptgebäudes. ▷

94 Südostansicht eines Seitenflügels und Schnitt durch das Hauptgebäude. ▷▷

93 △

94 ▽

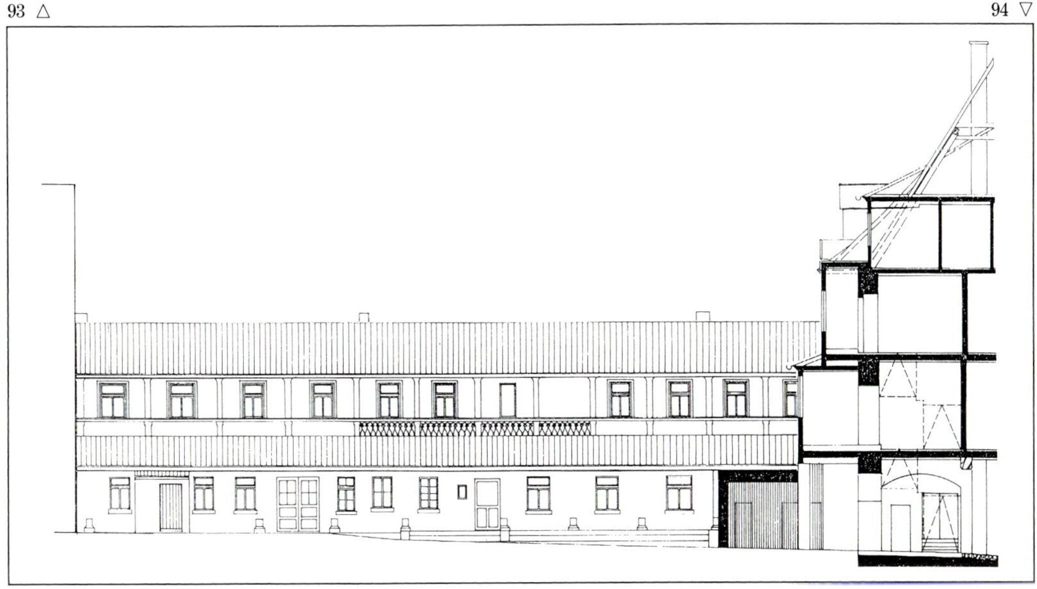

☐ Villa Belle Maison, »Sternheim-Villa« in Höllriegelskreuth bei München

Für die ehemalige Villa Belle Maison, die von Carl von Sternheim um 1907 errichtet wurde, bestand akute Einsturzgefahr. Das Gebäude sollte abgebrochen werden, nachdem ein Bebauungsplan den Abbruch zugunsten einer Industrieanlage ermöglichte. Es stand lange leer und verfiel nach und nach; die Terrassendecken wurden undicht, der Putz und die Stuckteile fielen herab, die Decken stürzten zum Teil ein, das Treppenhaus wurde zerstört.

Seit der Eintragung der Villa als Baudenkmal in die Denkmalliste bemühten sich von 1974 an die Öffentlichkeit und das Landesamt für Denkmalpflege um die Erhaltung der ehemaligen Künstler-Villa. Nach langwierigen Verhandlungen, die sich über mehrere Jahre erstreckten, wurde mit dem Eigentümer ein Kompromiß erzielt, der im wesentlichen folgendes zum Inhalt hatte: Das Baudenkmal wird, soweit noch historischer Ausbau besteht, nach denkmalpflegerischen und restauratorischen Gesichtspunkten instandgesetzt und restauriert. Die Fassade ist nach historischen Gesichtspunkten zu restaurieren. Um eine Nutzung durch den Eigentümer zu ermöglichen, dürfen Anbauten errichtet werden, die als Büroräume dienen. Die Anbaulösung wird hingenommen, um das Baudenkmal selbst zu retten.

Die Restaurierung der Innenräume im Erdgeschoß wurde aufgrund ausführlicher restauratorischer Befunduntersuchungen und auf der Grundlage des historischen Farb- und Materialkonzeptes durchgeführt, wobei man in Teilbereichen, wo historische Dokumente oder Befunde nicht mehr festzustellen waren, auf Wunsch des Nutzers eine reduzierte, d. h. provisorische Übergangslösung zuließ. Die neuen modernen Gebäudeflügel aus Stahl- und Glaskonstruktion bilden einen gewollten Gegensatz. Insgesamt konnte durch die Erhaltung des Baudenkmals ein aus denkmalpflegerischer Sicht erfreuliches Ergebnis erreicht werden.

95–97 Ehemalige Künstler-Villa bei München. Um 1907 von Carl von Sternheim erbaut. Vor und nach der Instandsetzung.

□ Die Klosterökonomie Polling, Landkreis Weilheim/Schongau

Kloster Polling im Landkreis Weilheim-Schongau in Oberbayern gehört zu den ältesten und traditionsreichsten Stätten des berühmten »Pfaffenwinkels«. Bis 1803 wirkten hier die Augustinerchorherren. Zur ehemaligen Klosterökonomie, einem barocken Baukomplex, gehörten eine Meierei, Stallungen, eine Mühle, Handwerksbetriebe, eine Bäckerei, Brauerei, ein Sommerkeller, Scheuern und Stadel.

Die Auflösung des Stiftes im Jahre 1803 zerschlug den Klosterbetrieb. Die Ländereien wurden veräußert, die Gebäude abgebrochen oder verkauft. Die Klosterkirche wurde zur Pfarrkirche. Vom Klosterensemble (Kloster, Ökonomie, Kirche) der Barockzeit blieb letztlich nur etwa ein Drittel erhalten.

Die ehemaligen Wirtschaftsgebäude, das Verwalterhaus und die Mühle der Klosterökonomie wurden nur noch geringfügig genutzt; sie dienten lediglich zu Lagerzwecken. Wertvolle Kulturbauten drohten unterzugehen, da der Bauunterhalt nicht mehr geleistet wurde.

Dennoch fand sich ein Käufer, der bereit war, die Gebäude unter Berücksichtigung der bestehenden Raumstrukturen zu nutzen. Eine verträgliche Nutzung ist eine der wichtigsten Voraussetzungen einer erfolgreichen Instandsetzung. In den Scheunen entstand eine Reparaturwerkstatt, in den Stallungen Atelierräume. Das Verwalterhaus wurde wieder bewohnbar gemacht. Die Mühle wurde gesichert und soll wieder in Betrieb genommen

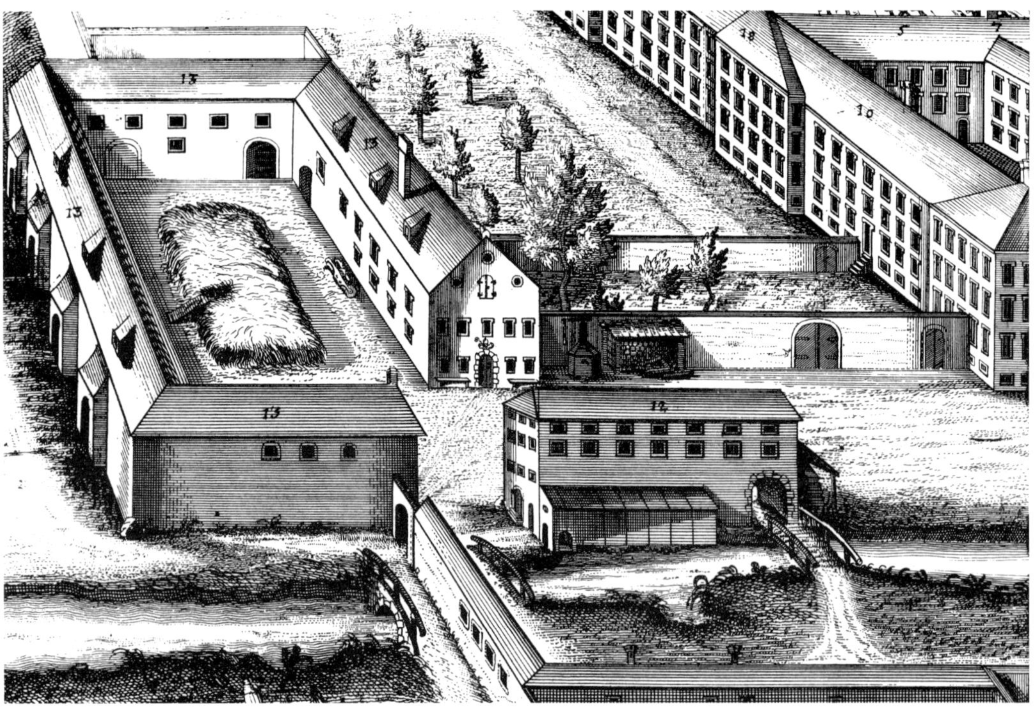

99/100 Anwesen der barocken Klosterökonomie in Polling. Bis 1803 von Augustinerchorherren benutzt. Vor und nach der Instandsetzung.

◁ **98** Wirtschaftsgebäude des Klosters in Polling, Lkr. Weilheim-Schongau. Kupferstich.

werden. Zunächst reparierte man sämtliche Dächer. Der Grundriß der Gebäude und ihre historische Ausstattung blieben erhalten. Die Außenmauern wurden trockengelegt und gegen Salz behandelt, Putze wurden ausgebessert. In die ehemalige Futterkammer des Stalls baute man Küche und Sanitäranlagen ein.

Der Eigentümer erbrachte erhebliche Eigenleistungen. Er sparte Kosten, weil er alte Materialien soweit als möglich beließ oder wiederverwendete. Die Maßnahme gelang nicht zuletzt deshalb, weil nur versierte Handwerker beauftragt wurden; kleine Bauabschnitte machten die Instandsetzung überschaubar.

101–103 Gebäude der Klosterökonomie in Polling. Vor und nach der Instandsetzung.

□ Schloß Leitheim in Kaisheim, Landkreis Donau-Ries

Schloß Leitheim liegt am nördlichen Donauufer. Es wurde 1685 bis 1696 als Sommerresidenz der ehemaligen freien Reichsabtei der Zisterzienser zu Kaisheim erbaut. Die klassisch einheitliche Anlage mit Schloß, Dépendance und Kirche ist als Prototyp eines geistlichen Herrensitzes süddeutschen Barocks anzusehen. Nach 1740 wurde dem Schloß in äußerst geglückter organischer Form das heutige Aussehen gegeben. Die festlichen Räume im Oberstock des Schlosses – einem der schönsten Aussichtspunkte an der deutschen Donau – erhielten im Sommer 1751 ihren Rokoko-Dekor. In Schloß Leitheim war u. a. W. A. Mozart im Jahre 1778 zu Gast. Im Zuge der Säkularisation der Abtei Kaisheim wurde das Schloß 1803 geräumt und kam 1820 in Privatbesitz.

Unter den derzeitigen Eigentümern wurde im Jahre 1956 mit der kostspieligen Renovierung, seit 1960 mit einer der Tradition des Ortes gemäßen Revitalisierung durch die weit über Schwaben bekannten Leitheimer Schloßkonzerte begonnen. Die Gesamtrestaurierung wurde 1970 abgeschlossen.

Es handelt sich bei Schloß Leitheim um einen der künstlerisch wertvollsten Restaurierungserfolge auf privater Basis in Nordschwaben, der weit über die Grenzen des Regierungsbezirkes Schwaben hinaus sowohl in Kunstkreisen als auch bei Musikfreunden bekannt geworden ist.

104 Schloß Leitheim bei Kaisheim, Lkr. Donau-Ries. Zwischen 1685 und 1696 erbaut. Sommerresidenz der ehemaligen freien Reichsabtei der Zisterzienser zu Kaisheim. Schnitt durch die Schloßkirche.

105/106 Schloß Leitheim bei Kaisheim. Vor und nach der Instandsetzung.

Bodendenkmalpflege

Bedeutung der Archäologie (Bodendenkmalpflege)

Archäologie – das heißt Altertumskunde. Schon im 15. und 16. Jahrhundert gab es die ersten, noch zaghaften Versuche, im Boden verborgene Spuren vergangener Zeiten zu entdecken. Zu einer echten Wissenschaft wurde die Archäologie bereits im 18. Jahrhundert und sie nahm einen bedeutsamen Aufschwung.

Die Archäologie arbeitet mit naturwissenschaftlichen und historischen »Nachbardisziplinen« zusammen. Aber immer geht es um das gleiche Ziel: die Vergangenheit wieder lebendig zu machen und herauszufinden, was sich einst und wie es sich zutrug.

Sachfunde aus Siedlungen und Gräberfeldern liefern Aufschlüsse über den Formenwandel von Kleidung (Trachten), Bewaffnung und Gerätschaften, sie beleuchten die Entwicklung und Anwendung neuer Techniken und zeigen die Differenzierung handwerklicher Arbeitsweisen. Durch die Einzeichnung von Fundorten in Karten werden Handelsströme und Verkehrswege alter Zeiten sichtbar, ebenso die Grenzen von Brauchtums- und Stammesgebieten. Auf diese Weise kann die Archäologie etwas über die Ausdehnung von Kulturen, Völkerbewegungen, wirtschaftliche Verhältnisse und die Sozialstrukturen menschlicher Gemeinschaften aussagen.

Das Arbeitsgebiet der Archäologie reicht von der Welt des Neandertalers (Altmenschen) um 150 000 v. Chr. bis in die Neuzeit (vgl. Zeittafel S. 109). Gäbe es keine Archäologie, wäre fast die gesamte Kulturentwicklung unseres Landes in Dunkel gehüllt. Denn die schriftlichen Quellen im bayerischen Raum reichen allenfalls 2000 Jahre zurück.

Arten archäologischer Funde

Man unterscheidet zwischen beweglichen und unbeweglichen (ortsfesten) Bodendenkmälern.

Bewegliche Bodendenkmäler

Zu den beweglichen Bodendenkmälern gehören die bei Grabungen entdeckten Funde früheren menschlichen Wirkens. Das sind beispielsweise Werkzeuge, Hausrat, Waffen, Schmuck, Trachtenzubehör und Münzen; sie bestehen aus Stein, Knochen, Ton, Metall, Glas, organischem Material.

Unbewegliche Bodendenkmäler

Zu den unbeweglichen Bodendenkmälern zählen vor allem:
- Höhlen, die früheren menschlichen Gemeinschaften als Unterschlupf dienten;
- Grabhügel der Bronze- und Hallstattzeit;
- Verfallene Wehrbauten der Vor- und Frühgeschichte sowie des Mittelalters, denen man es vielfach nicht mehr ansieht, daß sie einst Zentralorte und Herrschaftsmittelpunkte waren;
- Keltische Viereckschanzen, in denen heidnische Kulte ausgeübt wurden;
- Dämme römischer Fernstraßen, die auf Pioniertaten im Verkehrswesen vor fast 2000 Jahren hinweisen;

◁ **107** Südlich von Aislingen, Lkr. Dillingen a. d. Donau, liegen auf einem Terrassensporn römische sowie früh- und hochmittelalterliche Befestigungswerke, unter denen eine karolingisch-ottonische Mittelpunktsburg eindrucksvolle Spuren im Gelände hinterlassen hat. Die Aufnahme zeigt eine rechteckige Anlage von gut 10 ha, die von einem mächtigen Sohlgraben umlaufen und von einem Quergraben in zwei Teile unterschiedlicher Größe gegliedert wird.

108 Höhlen, von denen es im Fränkischen und Schwäbischen Jura eine ganze Reihe gibt, wurden von unseren Vorfahren vom Paläolithikum bis in die Neuzeit aus den unterschiedlichsten Anlässen aufgesucht. Sie dienten als Kulträume, als Zufluchts- und Begräbnisstätte. Abgebildet ist der Eingang der Kleinen Offnethöhle in der Schwäbischen Alb bei Holheim, Stadt Nördlingen.

109 Grabhügel sind Zeugnisse der Totenverehrung unserer Vorfahren. Sie kommen einzeln, in kleineren Gruppen, aber auch in ausgedehnten Feldern vor, zeigen sich als gleichmäßig gewölbte Erd- oder Steinschüttungen und erreichen selten mehr als 3 m Höhe. Meist wurden sie in der Bronzezeit sowie in der Hallstattzeit angelegt. Ihrer sozialen Stellung im Leben entsprechend erhielten die Toten Waffen, Schmuck und Trachtzubehör, aber auch Speise- und Getränkebeigaben mit ins Grab. Das Luftbild zeigt eine Grabhügelgruppe bei Riegsee im Landkreis Garmisch-Partenkirchen.

110 Zu den dauerhaftesten Hinterlassenschaften der römischen Besatzungszeit gehören die Verkehrseinrichtungen, voran die befestigten Straßen. Mit ihren Wechselstationen für Reit- und Zugtiere, Rasthäusern und Polizeiwachen stellten sie technisch wie organisatorisch Meisterleistungen dar. Von leistungsstarken Straßen hingen nicht nur die Mobilität und Schlagkraft des Heeres, sondern auch das reibungslose Funktionieren des staatlichen Transport- und Kuriersystems, die Wirksamkeit der Verwaltung und nicht zuletzt das Florieren von Handel und Wirtschaft ab. Das Luftbild zeigt ein Teilstück der Via Claudia Augusta, südlich von Augsburg.

111 Keltische Viereckschanzen bestehen aus Wall und Graben, besitzen ein Tor und bei gewöhnlich quadratischem bis rechteckigen Grundriß 60 bis 90 m lange Seiten. Nach den Ergebnissen von Ausgrabungen waren diese Anlagen in den beiden letzten vorchristlichen Jahrhunderten heilige Plätze, die mit hölzernen Umgangstempeln und Opferschächten ausgestattet waren. Die Aufnahme zeigt die Viereckschanze von Utting a. Ammersee, Lkr. Landsberg a. Lech.

- Der Limes (Grenzwall), das weitläufigste Bodendenkmal Deutschlands mit einem großen Anteil in Bayern, ehemals Nordgrenze des Römischen Reiches (ab dem 2. Jahrhundert n. Chr. angelegt, in der Mitte des 3. Jahrhunderts von den Alemannen überrannt);
- Bodenverfärbungen, die, wenn sie aus Siedlungen stammen, auf die Standorte von Pfosten hölzerner Häuser schließen lassen oder auf gewerbliche Anlagen, Brunnen, Zäune, Palisaden (Schanzpfähle) sowie Vorrats-, Abfall- oder Materialentnahmegruben hinweisen;
- Reste von Steinarchitektur in Form von Kellern, Grundmauern oder Fundamentgräben;
- Gruben und Schächte von Brand- oder Körpergräbern, die zum Teil Moderspuren von hölzernen Särgen und Kammern enthalten und über spezielle Totenbräuche Aufschluß geben.

113 Von Siedlungen, deren Häuser aus Holz, Lehm und Stroh bestanden, haben sich keine über Tage sichtbaren Reste erhalten. Öffnet man jedoch den Boden, so zeigen sich unübersehbar die Gruben, in denen einst hölzerne Pfosten standen. Die Siedlung von Regensburg-Harting, die aus dem Beginn der Jungsteinzeit stammt, liefert hierfür ein eindrucksvolles Beispiel. Gräbt man größere Flächen aus, so lassen sich aus den Standspuren der Pfosten die Grundrisse von Häusern rekonstruieren und aus diesen Gehöfte, Weiler und Dörfer. ▷

112 Die Steinbauten der römischen Zeit sowie des frühen Mittelalters sind aus dem Landschaftsbild fast vollständig verschwunden, weil sie im rauhen Klima verfielen oder von späteren Generationen wie Steinbrüche ausgebeutet und so allmählich dem Erdboden gleichgemacht wurden. Dieses Los traf auch eine 1982 in Herrsching am Ammersee, Lkr. Starnberg, freigelegte Steinkirche des 7. Jahrhunderts n. Chr., von der nur noch die Fundamente übriggeblieben sind. ▽

114 Die Gruben von Körpergräbern heben sich als dunkle Verfärbung deutlich von der Umgebung ab, weil sich beim Verfüllen der Schächte Humus mit Kies mischte. Das Bild zeigt einen Ausschnitt aus dem bajuwarischen Reihengräberfeld von Pilsting, Lkr. Dingolfing-Landau, nach dem Abschieben der Humusdecke.

115 Eindrücke vom handwerklichen Geschick und vom Kunstsinn unserer Vorfahren vermitteln die Besätze eines Leibgurts, die aus massivem Silber mit vergoldeten Schauseiten bestehen. Der Besitzer wurde um die Mitte des 7. Jh.s n. Chr. auf einer kleinen Adelsnekropole in Herrsching a. Ammersee, Lkr. Starnberg, bestattet.

Zeittafel

Ungefähre Daten	Epoche	Kulturgeschichtliche Merkmale
Älter als 130 000 v. Chr.	Altpaläolithikum Rißeiszeit	Wildbeuterische Faustkeilkulturen des Neandertalers.
100 000	Mittelpaläolithikum Würmeiszeit	Blattspitzen- und Abschlaggerätekulturen des Neandertalers.
35 000	Jungpaläolithikum Würmeiszeit	Spezialisierte Klingen- und Knochengerätekulturen des Homo sapiens.
8 000	Mesolithikum Nacheiszeit	Jäger, Fischer, Sammler. Kleine Steineinsätze (Mikrolithen) für Geschoßspitzen.
4 500	Neolithikum	Seßhaftigkeit, Ackerbau, Viehzucht, Töpferei, Steinschliff. Entdeckung des Kupfers.
1 800	Bronzezeit	Bronze als Werkstoff. Aufschwung von Handwerk, Handel und Verkehr. Beginnende soziale Differenzierung der Bevölkerung.
1 250	Urnenfelderzeit	Vereinzeltes Vorkommen von Eisen. Herausbildung einer Kriegerkaste unter mykenisch-minoischem Einfluß.
750	Hallstattzeit	Territorialherrschaft auf der Basis von Eisenverhüttung, Salzbergbau und Großgrundbesitz.
450	Lateinzeit	Keltische Bevölkerung. Neuer Kunststil, Töpferscheibe, Münzprägung, stadtartige Gemeinwesen (Oppida), Viereckschanzen. Neue Wirtschafts- und Sozialformen.
15	Römische Kaiserzeit	Romanisierung der keltischen Bevölkerung. Städte, Märkte, Gutshöfe als Siedlungsform. An wechselnden Grenzen Kastelle mit Lagerdörfern. Kunststraßenbau. Einführung neuer Religionen.
476 n. Chr.	Frühes Mittelalter (Völkerwanderungs- und Merowingerzeit)	Ende der römischen Herrschaft. Allmähliche Germanisierung des Landes durch Alamannen, Franken und Bayern. Herausbildung der sog. Reihengräberzivilisation. Dorfartige Niederlassungen. Entstehung des Stammesherzogtums, beginnende Christianisierung. Kurz nach 700 Aufhören der Beigabensitte.
700	Karolingerzeit	Neuorganisation der bayer. Kirche. Untergang des agilolfingischen Stammesherzogtums. Bayern wird fränkische Provinz. Stammesherzogtum der Luitpoldinger. Ungarneinfälle.
1 000	Hohes Mittelalter	Landesstaat der Wittelsbacher. Romanik, Gotik. Schreibschulen in Klöstern. Kleine Turmhügelburgen, Höhenburgen des Adels. Minnesänger, Kreuzzüge, Städtegründungen, Handwerkerzünfte.
1 300	Spätes Mittelalter	Aufkommen von Feuerwaffen, Bauernkriege, Buchdruck, Reformation.
1 550	Neuzeit	Renaissance, Gegenreformation, 30jähriger Krieg.

Gefahren für Bodendenkmäler

Bodendenkmäler werden oft verkannt. Haus-, Industrie- oder Straßenbau gefährden sie, und auch die Landwirtschaft oder die Bodenerosion können sie bedrohen. Notgrabungen retten das Wichtigste. Die Denkmalpflege agiert dann als »archäologische Feuerwehr«. 200 bis 250 größere Ausgrabungen sind jährlich notwendig.

Inventarisation – Erkenntnisse werden festgehalten

Das wissenschaftliche Verzeichnen von Denkmälern wird Inventarisation genannt. Bisher wurden in Bayern knapp 2000 oberirdische Bodendenkmäler topographisch vermessen und rund 7000 entsprechende Objekte wissenschaftlich beschrieben. Mehr als 100 000 bekannte Untertagefundstellen warten noch auf ihre Erfassung. Dasselbe gilt für die Anfertigung von Listen der Bodendenkmäler. Das Aufspüren von Bodendenkmälern ist kompliziert. Oft kommen sie zufällig zutage. Das allein genügt aber nicht.

Um Bodendenkmäler systematisch erfassen zu können, wurden folgende Methoden angewandt:

Landesaufnahme
Die umfassendste Form der archäologischen Inventarisation ist die Landesaufnahme, die auf alle verfügbaren Informationen wie Ortsakten, Luftbilder, private Sammlungen und Literatur zurückgreift, systematische Flurbegehungen einschließt und Angaben darüber enthält, welches Museum welche Funde aufbewahrt.

Flugprospektion
Sie ist das wichtigste Instrument zum Aufspüren untertägiger, also unter der Erde befindlicher Bodendenkmäler. Denn aus der Luft sind menschliche Eingriffe in die Erde durch Unterschiede im Bewuchs oder von durch Temperatur und Feuchte hervorgerufenen Merkmalen gut zu erkennen. Untertägige Bodendenkmäler werden auch durch landwirtschaftliche Arbeiten sichtbar, wenn z. B. der Pflug ihre obersten Schichten erfaßt und sie auf die Ackerkrume legt, von der sie sich farblich abheben.

116 ▽

116–118 Aus der Luft geben sich archäologische Befunde auch dann noch zu erkennen, wenn ihr Relief stark verflacht oder bereits eingeebnet ist. Die durch den Menschen verursachten Störungen der natürlichen Erdschichten sind bei bestimmten geographischen, geologischen und landwirtschaftlichen Gegebenheiten in Form von Boden-, Bewuchs-, Feuchte- und Temperaturmerkmalen wahrzunehmen.

Am Beispiel der Grabenanlage von Osterhofen, Lkr. Deggendorf, die zu verschiedenen Jahreszeiten aufgenommen wurde, sei dies kurz erläutert. Bei Ackerruhe zeigen sich im März die Grabenzüge des Erdwerks als Bodenmerkmale, weil der Pflug in die humusreichen Grabenfüllungen eingegriffen und die oberen Partien auf die andersfarbige Ackerkrume gelegt hat.

Auf dem im Juli aufgenommenen Bild (117) zeigen sich Bewuchsmerkmale. Über den Gräben, deren humoses Erdreich als Wasserspeicher wirkt, bleibt das Getreide länger grün als in der Nachbarschaft.

Auf einer Februaraufnahme (118) wird das Erdwerk durch Feuchte- und Temperaturmerkmale sichtbar. Die wassergesättigten Grabenfüllungen speichern noch soviel Wärme, daß die dünne, darüberliegende Schneedecke abschmolz.

117 △

118 ▽

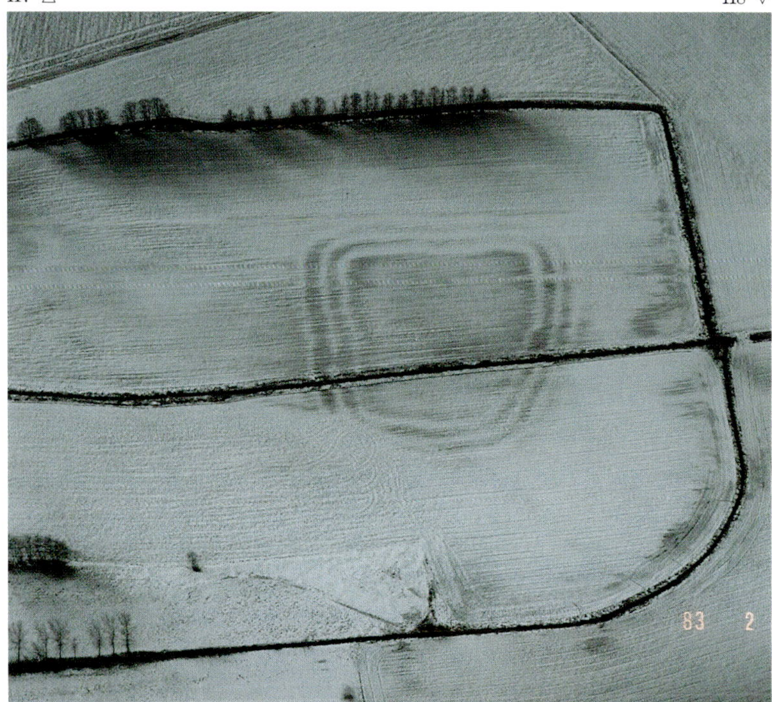

Magnetometerprospektion

Sie erlaubt es – unter günstigen Voraussetzungen –, Fundplätze ohne Ausgrabungen in Computerplänen darzustellen. Denn im Boden verborgene archäologische Befunde verursachen geringfügige Störungen des Erdmagnetfeldes, die mit hochempfindlichen Sensoren aufgenommen und bildlich wiedergegeben werden können.

120 Auf dem »Galgenberg« bei Kopfham, Lkr. Landshut, wurden aus der Luft drei Grabenstücke in Form dunkler Spuren entdeckt, die sich weder altersmäßig noch funktionell deuten ließen. ▷

119 Untersuchung mit einem Magnetometergerät. ▽

121 Nach der magnetischen Prospektion der Fundstelle auf dem »Galgenberg« zeigt sich im digital hergestellten Magnetogramm ein mächtiges Grabenoval aus dem Ende der Jungsteinzeit, über das sich die gewinkelten Gräben eines hallstattzeitlichen Erdwerks ziehen. Das verschiedene Alter der Befunde ist durch Ausgrabungen geklärt worden.

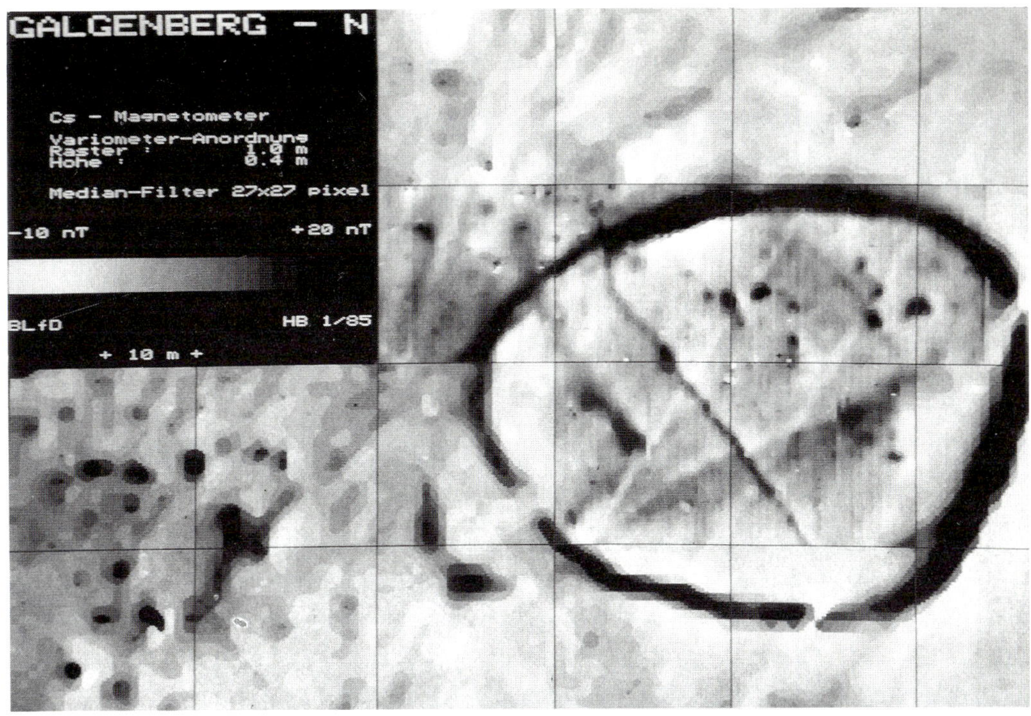
GALGENBERG - N
Cs - Magnetometer
Variometer-Anordnung
Raster : 1.0 m
Höhe : 0.4 m
Median-Filter 27x27 pixel
-10 nT
+20 nT
BLfD
HB 1/85
+ 10 m +

Der Weg der Funde vom Ausgrabungsort ins Museum

Ausgraben ist Präzisionsarbeit. Die Zeiten, in denen bei Ausgrabungen mit Wasserwaage, Maurerschnur und Zollstock gearbeitet wurde und die Dokumentation aus Bleistiftskizzen sowie Notizen bestand, sind vorbei. Heute gehören zur Grundausstattung Nivelliergeräte und Theodolit (mechanisch-optisches Präzisionsinstrument zur Bestimmung von Horizontal- und Vertikalwinkeln). Pläne von weitläufigen Befunden werden nach Luftbildern, steingerechte Aufnahmen von Bausubstanz auf photogrammetrischem Weg (Anfertigung von Grund- und Aufrissen aus Lichtbildern) hergestellt. Noch eines ist bei einer Ausgrabung selbstverständliche Pflicht: die Führung eines Tagebuchs.

Alle entscheidenden Freilegungsstadien werden zeichnerisch und photographisch festgehalten, Funde nach Schichten und Arten getrennt, gesondert verpackt und mit Fundzetteln versehen. Falls erforderlich, werden Bodenproben für naturwissenschaftliche Untersuchungen entnommen. Schlecht erhaltene Fundkomplexe kann man vor Ort eingipsen und dann in Werkstätten freilegen.

Bodendenkmäler sind oft unansehnlich. Sie müssen konserviert werden, denn nur in diesem Zustand vermitteln sie ihren dokumentarischen Gehalt. Manchmal greift die Bodendenkmalpflege auch auf Teilrekonstruktionen zurück. Ohne Restauratoren, Zeichner und Photographen wären die Ergebnisse wissenschaftlich nicht auswertbar und für Ausstellungen nur schwer nutzbar zu machen.

Vielseitig ist die Aufgabe der Restauratoren, denn Ton- und Glasgefäße kommen in der Regel zerbrochen ans Licht; sie müssen mit viel Geduld und Geschick wieder zusammengefügt, ergänzt oder rekonstruiert werden. Nur

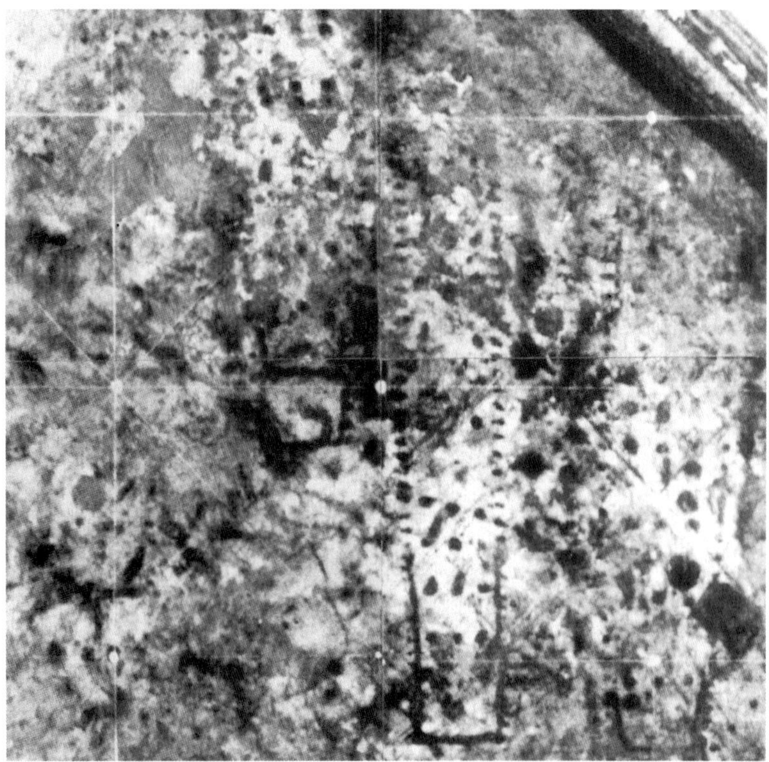

122 Entzerrte Luftaufnahmen der jungneolithischen Siedlung von Regensburg-Harting dienen als Grundlage für die Herstellung eines archäologischen Befundplanes. Vier zusammengesetzte digitale Teilbilder zeigen die Bauspuren jungneolithischer Langhäuser.

Metallgegenstände aus Gold überdauern die Einlagerung in die Erde ohne wesentliche Veränderungen. Eisen, Bronze, Blei und Silber dagegen setzen Rost oder Patina an; sie sind je nach Erhaltungszustand mechanisch oder chemisch-physikalisch zu behandeln. Organische Stoffe wie Holz, Leder und Gewebe wären ohne Vorkehrungen gegen Bakterien- und Schimmelbefall sowie Tränkung und Imprägnierung mit chemischen Wachs- und Fettverbindungen nicht weiter zu erhalten.

123 Silberfibeln aus der Mitte des 6. Jh.s n. Chr. in unkonserviertem (links) und teilkonserviertem Zustand. Die Fundstücke stammen aus dem Reihengräberfeld von Gelting, Lkr. Bad Tölz-Wolfratshausen.

Die Arbeit der Zeichner beginnt nach der Konservierung und Restaurierung. Angefertigt werden Tuschezeichnungen (meist im Maßstab 1:1). Auf grafischem Weg kann man von Gegenständen Profil- und Querschnitte anfertigen. Zu den Aufgaben der Zeichner gehört es außerdem, Grabungsdokumentationen in druckfertige Pläne umzusetzen und nach Grabungsbefunden antike Trachten oder Gebäude zu rekonstruieren.

Die Photographie gibt Gegenstände so wieder, wie sie sind; bei porösen oder körnigen Oberflächen ist das von Vorteil. Jede Photographie stellt ein objektives Dokument dar.

Die Ausgrabung, das Konservieren und Restaurieren der Funde, ihre zeichnerische und photographische Dokumentation sind zeitaufwendige Schritte. Aber alles zusammen macht erst eine wissenschaftliche Kommentierung möglich. An einer solchen Publikation sind nicht nur die Archäologen beteiligt, sondern auch Vertreter zahlreicher naturwissenschaftlicher und historischer Nachbardisziplinen. So ist es selbstverständlich geworden, die zur Altersbestimmung von organischen Stoffen entwickelten Methoden (Dendrochronologie, Radiokohlenstofftest) heranzuziehen. Auch Pollenanalyse und pflanzliche Großrestanalyse werden zur Rekonstruktion vor- und frühgeschichtlicher Klimata und Vegetation in den Dienst der Archäologie gestellt. Die Anthropologen kommen zu Wort, wenn es um die Bestimmung von Geschlecht und Sterbealter sowie um die Fragen geht, woran die Menschen früher starben und welche Krankheiten sie hatten. Ergiebig ist zudem die Zusammenarbeit mit anderen historischen Fächern wie Numismatik (Münzkunde) und Epigraphik (Inschriftenkunde) sowie mit den Historikern auf den Gebieten der Stadtkern-, Wüstungs- (= verlassene Siedlungen), Pfalzen-, Burgen- und Kirchenforschung.

Nach der kompletten wissenschaftlichen Auswertung wird das Ausgrabungsgut Museen und Sammlungen übermittelt. Es wird dabei Wert darauf gelegt, daß Funde, Fundort und Museum in einer gewissen räumlichen Beziehung zueinander stehen.

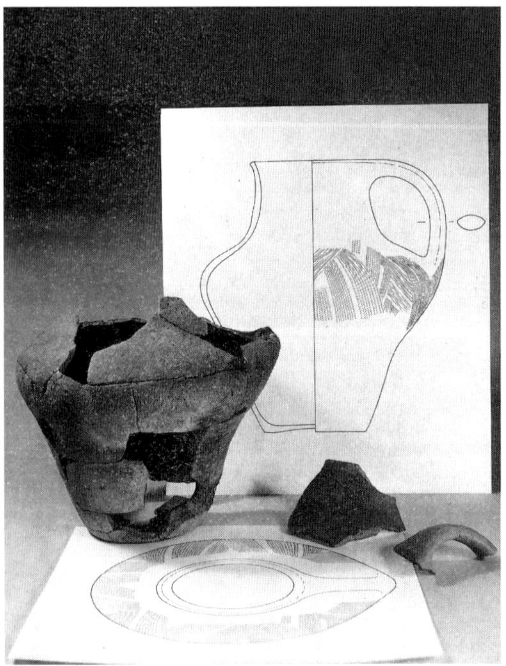

126 Eine nach dem Luftbildbefund angefertigte Tuschezeichnung verdeutlicht die Grundrisse der jungneolithischen Langhäuser von Regensburg-Harting.

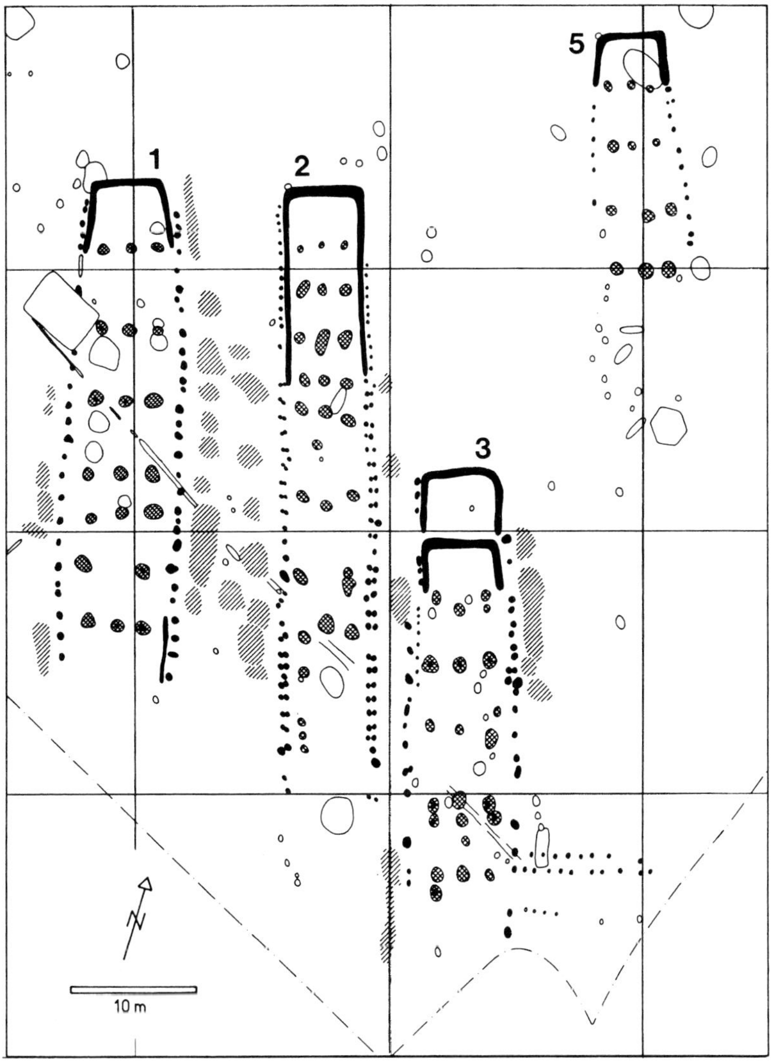

◁◁ **124** Um den Henkelkrug aus der jungsteinzeitlichen Siedlung von Wallerfing, Lkr. Deggendorf, aus einzelnen Tonscherben wiederherstellen zu können, wurden zeichnerisch verschiedene Ansichten im Maßstab 1:1 hergestellt, die dem Restaurator als Vorlagen für die Ergänzung des Gefäßes in Gips dienten.

◁ **125** Für museale Zwecke ergänztes Tongefäß von Wallerfing.

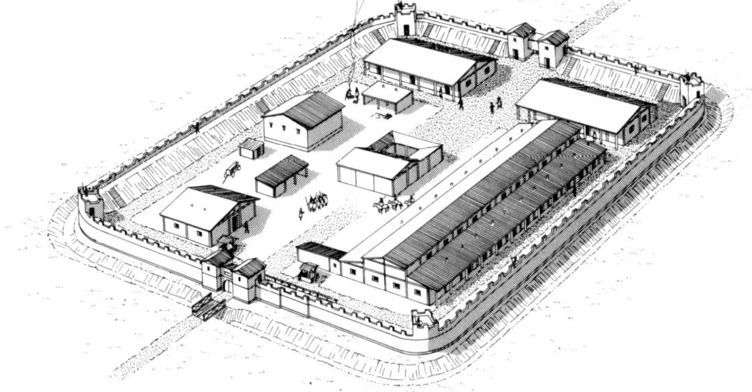

127 Zeichnerischer Rekonstruktionsversuch des römischen Kastells Ellingen-Sablonetum, Lkr. Weißenburg-Gunzenhausen, nach den Ausgrabungsbefunden.

128 Zu den bedeutendsten Bodendenkmälern römischer Zeit gehört in Bayern der Limes, der zwischen Eining und Dinkelsbühl rund 120 km lang war. Das Bild zeigt ein Teilstück bei Hirnstetten im Landkreis Eichstätt, wo die verfallene Steinmauer als mit Buschwerk bestandener Feldrain die Flur durchzieht.

129 Schatzfund keltischer Goldmünzen, sog. Regenbogenschüsselchen, aus Großbissendorf, Lkr. Neumarkt i. d. Opf., 2.–1. Jh. v. Chr.

Rechtliche Bestimmungen

Erlaubnispflicht

Grabungen mit dem Ziel, Bodendenkmäler aufzuspüren, oder Grabungen, bei denen mit einer gewissen Wahrscheinlichkeit auf Bodendenkmäler gestoßen wird, bedürfen der Erlaubnis durch die Untere Denkmalschutzbehörde, es sei denn, die Grabungen werden vom Landesamt für Denkmalpflege durchgeführt. Ebenso ist die Errichtung, Veränderung oder Beseitigung von Anlagen in der Nähe von Bodendenkmälern erlaubnispflichtig, wenn diese Bodendenkmäler ganz oder zum Teil über der Erdoberfläche erkennbar sind und sich die Maßnahmen auf ihren Bestand oder ihr Erscheinungsbild auswirken können.

Duldungspflicht

Ein Grundstückseigentümer kann verpflichtet werden, eine Grabung auf seinem Grundstück zu dulden, wenn das Landesamt für Denkmalpflege ein besonderes öffentliches Interesse daran feststellt und deshalb eine Grabung anordnet. Dem Eigentümer ist dann der durch die Grabung entstehende Schaden zu ersetzen. Ferner können Eigentümer, dinglich Verfügungsberechtigte und unmittelbare Besitzer eines Grundstücks, auf dem jemand Bodendenkmäler findet, verpflichtet werden, die notwendigen Maßnahmen zur sachgemäßen Bergung des Fundgegenstandes, zur Klärung der Fundumstände und zur Sicherung weiterer auf dem Grundstück vorhandener Bodendenkmäler zu dulden. Ebenso kann das Landesamt für Denkmalpflege verlangen, daß ihm die Funde zur wissenschaftlichen Auswertung und Dokumentation zeitweise überlassen werden.

Anzeige- und Wartepflicht

Jeder, der ein Bodendenkmal auffindet, muß dies unverzüglich dem Landesamt für Denkmalpflege oder der Unteren Denkmalschutzbehörde anzeigen. Die aufgefundenen Gegenstände und der Fundort sind bis zum Ablauf von einer Woche nach der Anzeige unverändert zu belassen, wenn nicht vorher die Gegenstände von der Unteren Denkmalschutzbehörde freigegeben werden oder die Fortsetzung der Arbeiten gestattet wird.

Abgabepflicht

Aufgefundene Gegenstände müssen dem Landesamt für Denkmalpflege oder einer Denkmalschutzbehörde unverzüglich zur Aufbewahrung übergeben werden, wenn die Gefahr ihres Abhandenkommens besteht.

Restaurierung von Kunst- und Kulturgut

Aufgaben und Zielsetzung der Restaurierung

Was Restaurieren bedeutet, wurde bereits in der Einleitung dargestellt (S. 31). Im Mittelpunkt steht das Bemühen um die originale, noch vorhandene Substanz. Sie ist es, die erhalten und zur Geltung gebracht werden soll, um die Aussage eines Denkmals nach Form und Inhalt wieder anschaulich werden zu lassen.
Der Vielfalt der anzutreffenden Werkstoffe entspricht die große Zahl der hier auftretenden Probleme. Denn jeder Werkstoff hat seine typischen Eigenarten und Besonderheiten. Wer mit historischem Kulturgut umgeht, muß diesen Eigentümlichkeiten Rechnung tragen können. Das folgende Kapitel soll einen kurzen Überblick über die wichtigsten Werkstoffe und Sparten restauratorischer Tätigkeit geben.

130 Restaurierung des Leinwandgemäldes »Himmelfahrt Mariae« von Tintoretto aus der Stadtpfarrkirche Unsere Liebe Frau (Obere Pfarre) in Bamberg, Mitte 16. Jh.

Die Sparten restauratorischer Tätigkeit

Wandmalerei

□ Was ist Wandmalerei?

Als Teil eines architektonischen Organismus ist Wandmalerei an die »Wand« (auch Decke, Gewölbe, Fassade) gebunden. Abhängig vom Standort wird Wandmalerei daher z. B. auch als Decken-, Gewölbe- oder Fassadenmalerei bezeichnet. Sie kann die architektonische Fläche betonen, durch ihre scheinbare Auflösung aber auch öffnen (z. B. barocke Deckenmalerei) oder eine Fassade illusionistisch verändern (Scheinarchitektur).
Ornamentale (dekorative) Wandmalerei gliedert die architektonische Fläche, trennt Architekturteile oder grenzt Wandgemälde gegeneinander ab. Hier übernimmt sie auch Funktionen der Architekturfassung und kann Material imitieren (z. B. Fugen- oder Quadermalerei).

□ Geschichte

Nördlich der Alpen ist Wandmalerei seit karolingischer Zeit verbreitet. Zu einem eindrucksvollen Höhepunkt entwickelt sie sich im süddeutschen Raum während des 17. und 18. Jahrhunderts. Im Rahmen der Einheit von Architektur und Stuckdekoration ergänzt die Malerei die Architektur oder löst sie innerhalb der Bildrahmen auf. Teilweise werden Übergangszonen durch die Verquickung von Stuck und Malerei fließend gestaltet. Eine bayerische Besonderheit der Fassadendekoration im 18./19. Jahrhundert ist die »Lüftlmalerei«. Im 19. Jahrhundert erfährt die Entwicklung der Wandmalerei einen Bruch ihrer Maltechniken durch die Anwendung von Leim- und Ölfarben im Gegensatz zur Tradition der kalkgebundenen und mate-

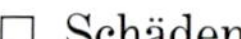

rialgerechten Malerei auf Putz. Es entwickelt sich eine neue Maltechnik auch für Fassadenmalerei auf der Grundlage veränderter Bautechnologien (Silikat- oder Mineralfarbenmalerei).

□ Techniken

So verschieden wie die regionalen Kunstepochen und Stile sind auch die Techniken der Wandmalerei. Diese teilen sich grundsätzlich in zwei Arten: Secco-Malerei und Fresko-Malerei. Im Herstellungsprozeß von Wandmalerei lassen sich auch Mischtechniken definieren. Zu den Secco-Techniken, der Malerei auf trockenen Untergründen, gehört neben der Ausführung von Kalkmalerei auf abgebundenem (trockenem) Putz zum Beispiel auch Leimfarbenmalerei, Temperamalerei und Silikatfarbenmalerei. Ein Fresko ist dagegen eine Malerei auf feuchtem, nicht abgebundenem Putz.

□ Schäden

Wandmalerei ist durch ihre meist exponierte Lage, die Abhängigkeit vom Malschichtträger und vom Putzträger sowie die teilweise große Empfindlichkeit der Malschicht vielen Schadens- und Alterungsprozessen ausgesetzt:

– Die Beschaffenheit von Tragkonstruktionen innerhalb der Gesamtarchitektur (Mauern, Decken, Gewölbe) ist oft ursächlich für Rißbildung und Putzablösungen.
– Oberflächliche Verschmutzungen beeinträchtigen das optische Erscheinungsbild der Malerei.
– Falsch konzipierte Heizsysteme lassen Kondensfeuchtigkeit entstehen. Dieses bauphysikalische Phänomen kann z. B. im Frühjahr dadurch auftreten, daß wärmere Luft auf die noch kalten Mauern mit bemalten Putzoberflächen auftrifft.

132 Pilatushaus in Oberammergau mit reichem Freskenschmuck von Franz Zwinck 1784. Übergangen 1899 und 1909. ▷

131 Starke Schäden in der Malschicht eines Freskos des 14. Jh.s in der kath. Kirche St. Jakobus d. Ä. in Urschalling, Lkr. Rosenheim. Grablegungsszene mit trauernden Frauen.

– Durch Mauerfeuchtigkeit oder Nässe infolge undichter Dachkonstruktionen können Salze im Mauerwerk gelöst und transportiert werden, die auskristallisieren und zu irreparablen Schäden an der Malerei führen.

– Mikroorganismen (Bakterien, Pilze, Algen), die in der Lage sind, sowohl anorganische (Kalk) wie organische (Leime, Harze) Bindemittel abzubauen, können die Bindung von Malschichten gefährden.

– Bedauerlicherweise führen aber auch unsachgemäße Restaurierungen zu Schäden, deren Umfang teilweise nur schwer abschätzbar ist, z. B. bei der Freilegung von Wandmalerei, bei der Reinigung und beim Festigen von Malschichten durch falsche Methoden oder ungeeigneten Materialeinsatz.

– Fassadenmalerei ist neben den langsamer wirkenden mechanischen Zerstörungsprozessen durch Regen und Schlagregen sowie Wind auch chemischen Zerstörungsprozessen ausgesetzt, die durch Luftverunreinigung herbeigeführt werden.

– In geringem Umfang führt auch Lichtein

wirkung und Ultraviolettstrahlung zu einem Nachlassen der Farbkraft einzelner Farbstoffe.

□ Hinweise für eine fachgerechte Pflege

Für die Bestandserhaltung von Wand-, Decken- und Gewölbemalereien sind in Innenräumen klimatische Verhältnisse erforderlich, die die Entstehung oder Förderung von Schadensprozessen weitestgehend ausschließen:
- Heizungssysteme mit hohem Verschmutzungseffekt sollten vermieden werden.
- Feuchtigkeitsgefährdete Mauern müssen saniert werden, um ggf. Schäden durch Salzauskristallisation zu unterbinden.
- Dem Befall von Mikroorganismen kann mit langfristig unschädlichen Stoffen vorbeugend entgegengewirkt werden.

In jedem Fall ist die Substanzerhaltung, d. h. die Sicherung von Putz und Malschichten, vorrangige Aufgabe. Dazu gehört auch der Schutz vor mechanischem Abrieb oder Beschädigungen in bodennahen Bereichen, z. B. beim Aufstellen von Gerüsten. Konservatorische und restauratorische Arbeiten sowie die restauratorischen Voruntersuchungen sollten immer von einem für Wandmalerei spezialisierten Restaurator durchgeführt werden.

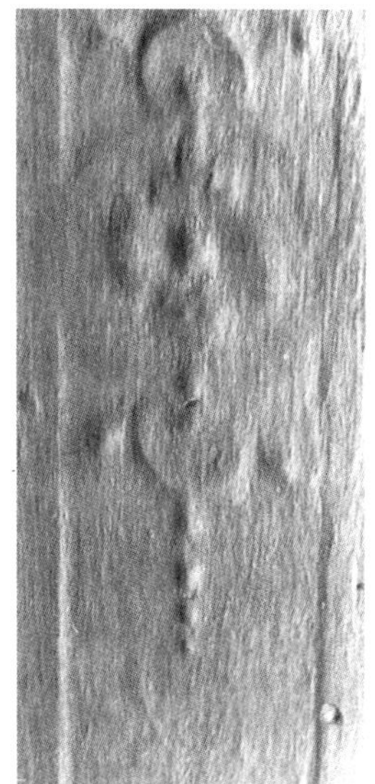

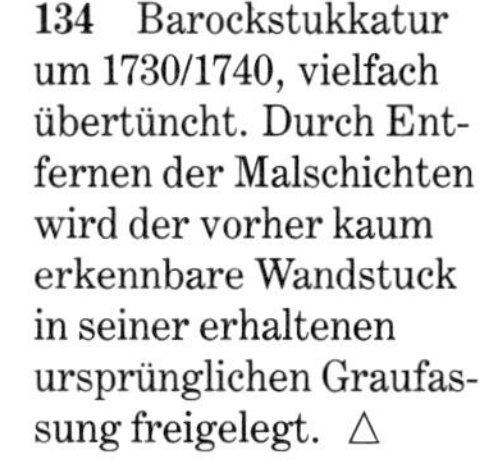

◁ **133** Barockes Deckengemälde von Matthäus Günther, 1761. Ausschnitt aus der Darstellung des Olymp im Festsaal des Schlosses Sünching, Lkr. Regensburg.

134 Barockstukkatur um 1730/1740, vielfach übertüncht. Durch Entfernen der Malschichten wird der vorher kaum erkennbare Wandstuck in seiner erhaltenen ursprünglichen Graufassung freigelegt. △

135 Schichtentrennung bei einem Gemälde. Abnahme eines Fragments. ▷

Stuck

□ Was ist Stuck?

Stuck ist in der Regel architekturgebunden und das Ergebnis der Stuckbildnerei mit Stuckmörtel, einem anfangs formbaren, dann aber erhärtenden Werkstoff, meist auf der Basis von Gips, Kalk und Sand.

□ Geschichte

Bereits die Kulturen des Altertums kannten die Stucktechnik sowie deren farbiges Fassen. Die frühchristliche Kunst übernahm diese Tradition. Durch italienische Handwerker fand der Stuck technisch und stilistisch Eingang in die Länder nördlich der Alpen. Mit der Entwicklung von Akanthusdekor (bestimmte Blütenform), Laub- und Bandel- (Bänder-) sowie Muschelwerk (Rocaille) entfaltet sich im 17./18. Jahrhundert eine Blütezeit des Stuckierens. Gewölbe und Decken zieren seither nicht nur Ornamente und Profile, sondern auch vollplastische Werke wie Engel, Putti und andere Figuren. Auch Fassaden wurden mit Stuck gestaltet. Eine Differenzierung aus dem architektonischen Zusammenhang heraus erfuhr Stuck durch farbige Fassungen. Diese wurden in Kalktechnik, unter Zugabe entsprechender Farbstoffe, oft noch auf den feuchten Stuck aufgetragen. Ergänzend dazu haben Stuckierungen auch Metallauflagen (Blattmetalle oder Metallpulver) erhalten. Auch Oberflächenstrukturen spielten eine wichtige gestalterische Rolle, zum Beispiel Matt- und Glanzvergoldung, Polierweißfassungen (polierte Weißfassungen) oder polierte Stuckoberflächen.

Mit dem Klassizismus gegen Ende des 18. Jahrhunderts beginnen die Stuckdekorationen flacher und strenger zu werden. Während das 19. Jahrhundert die Formensprache des Barock und Rokoko neu aufbereitet und

◁ **136** Stuck im Zisterzienserinnenkloster Waldsassen, Lkr. Tirschenreuth.

137 Theatinerkirche St. Cajetan in München. Erbaut 1663 bis 1675 von Agostino Barelli und Enrico Zucalli. Westseite des nördlichen Querhauses. Reiche Stuckierung im Kircheninnenraum. ▷

138 Renovierung einer stuckierten Fassade. ▽

Stuck in der 2. Hälfte des Jahrhunderts teilweise industriell fertigt, läßt der Jugendstil auch freiere Formen entstehen. Stuckdecken kommen vom 17. bis ins frühe 20. Jahrhundert häufig in Wohnräumen vor.

□ Techniken

Die Techniken des Stuckierens sind unterschiedlich. Der freie Stuckantrag erfordert sicheres künstlerisches Formempfinden. Bei sich wiederholender Ornamentik (z. B. Kapitellen) wird meist vorgefertigter Stuck benutzt. Die in Formen gegossenen oder in Model gedrückten Gipsteile werden nach dem Erstarren mit Gips befestigt. Stäbe, Bänder und Profile, also Rahmungen und Architekturgliederungen, werden in der Regel mittels Schablonen gezogen. Aber auch das Hinterschneiden bzw. Nachschneiden von angetragenem Stuck sowie das Herausschneiden der Ornamentik aus bereits hartem Stuck gehören zu den Stucktechniken. Die Werkzeuge des Stukkateurs sind Mörtelkelle, Spachtel, Stukkateureisen, Modellierhölzer, Kratzeisen und Pinsel sowie Schablonen und Model.

□ Schäden

Patina und Verschmutzung sowie die Verunklärung durch häufiges Tünchen (Neufassen) gehören zu jenen Schadensformen, die die originale Qualität und den substantiellen Bestand des Stucks im wesentlichen nicht beeinträchtigen. Stuckierungen können aber in Abhängigkeit von ihrer Position und der Art und Technik ihrer Tragkonstruktionen (Holz, Mauerwerk) eine Reihe typischer Schadensbilder aufweisen:

– Ablösung vom Stuckträger, rostende Armierungen oder Beschädigungen der Substanz sind gefährdend.

– Nässe kann zur Auskristallisation von Salzen führen, die Stuck und Fassung strukturell zerstören.

– Beim Abnehmen von Tünchbeschichtungen bzw. Freilegen von Stuckoberflächen mit unzweckmäßigem Werkzeug kann die Stuckhaut leicht beschädigt werden.

– Stuckfassungen können schon bei unsachgemäßem Reinigen zerstört werden.

139 Beschädigte Stuckfassade. Ablösung des Stucks vom Stuckträger.

□ Hinweise für eine fachgerechte Pflege

Pflege von Stuck heißt vor allem Erhaltung der ursprünglichen Formen und Oberflächen einschließlich der Farbfassung. Um das zu gewährleisten, ist immer eine restauratorische Voruntersuchung erforderlich. Technische Schäden sollten stets von einem fachkundigen Stukkateur beurteilt und behoben werden. Freilegungen müssen nicht immer bis auf die Stuckhaut durchgeführt werden: Feste Leitschichten ermöglichen es bisweilen, die historische Substanz (Stuck und Fassung) unbeeinträchtigt zu erhalten. Für die Freilegung von Stuckfassungen empfiehlt es sich, restauratorisch qualifizierte Kirchenmaler oder Restauratoren heranzuziehen.

Neufassungen sind materialgerecht mit Kalk auszuführen. Fallweise, bei steigender Häufigkeit von Restaurierungen, ist auch Leimfarbe einsetzbar. Kunstharzanstriche oder die Verwendung von Materialien auf der Basis von Öl oder Wasserglas (sog. Mineralfarben) sollten unter dem Gesichtspunkt der Denkmalpflege in der Regel vermieden werden.

Fassadenstuck, gleich welchen Alters, stellt technisch besondere Anforderungen. Er ist meist von anderer Machart als Stuck in Innenräumen und anderen Einflüssen ausgesetzt. Zur Pflege kann hier in besonders hohem Maße die Wiederherstellung oder Erhöhung der Festigkeit beitragen. Anstrich oder Fassungsmaterialien müssen gemäß dem Gesamtzustand des Stucks, insbesondere der Festigkeit und Beschaffenheit der Stuckoberfläche, ausgewählt werden.

140 Stuckmarmor von Johann Baptist Zimmermann, 1714. Marienaltar in Schliersee, Lkr. Miesbach. ▷ △

141 Stuckmarmoraltar mit Scagliola-Einlagen. Nördl. Seitenaltar von 1713 in der kath. Stadtpfarrkirche in Wemding, Lkr. Donau-Ries. ▷

Stuckmarmor und Scagliola

□ Was sind Stuckmarmor und Scagliola?

Als künstlichen Marmor (Stuckmarmor) bezeichnet man die aus Gips mit oder ohne Kalk, Leim und verschiedenen Pigmenten hergestellten Arbeiten. Der Stuckmarmor wird in noch feuchtem Zustand auf den tragenden Grund (z. B. Mauer) oder eine Unterkonstruktion aus Holz aufgeklebt. Zur Erzielung einer glatten Oberfläche wird er mit Ziehklingen abgezogen, danach mehrfach geschliffen und gespachtelt sowie bis zum Glanz poliert. Einlegearbeiten mit Stuckmarmor (Stuckmarmorintarsien) werden Scagliola genannt. Eine noch feuchte Stuckmarmorschicht wird nach dem Aufpausen einer Zeichnung ausgeschnitten, und andersfarbiger bzw. anders strukturierter Stuckmarmor wird eingelegt. Scagliola-Arbeiten finden sich z. B. als Antependien von Altären oder als Tischplatten.

□ Geschichte

Die Stuckmarmor- und die Scagliola-Technik ist wohl um 1600 in Italien entwickelt worden und fand weite Verbreitung in der Barockarchitektur (besonders auch in Bayern) zur Imitation von echtem Marmor in Kirchen und profanen Bauten.

□ Schäden

Aufgrund der Zusammensetzung, Verarbeitung und Stellung innerhalb der Architektur ist der Schadenskatalog nicht wesentlich anders als bei Stuck bzw. bei Wandmalerei.

□ Hinweise für eine fachgerechte Pflege

Grundsätzlich müssen beim Stuckmarmor die gleichen Vorstellungen und Maßnahmen wirksam werden wie bei Stuck oder Wandmalerei. Für die Konservierung der empfindlichen Stuckmarmoroberflächen wird in der Regel Wachs sehr dünn aufgetragen und bis zum Glanz poliert. Arbeiten an Stuckmarmor sollten ausschließlich restauratorisch und technisch entsprechend versierten Stukkateuren überlassen bleiben.

Stein

Naturstein ist wegen seiner sprichwörtlichen und – verglichen mit anderen Materialien – tatsächlichen Beständigkeit ein bevorzugtes Material für Bauten aller geschichtlichen Epochen gewesen. Neben seiner guten Witterungsbeständigkeit erlaubt Stein auch eine Vielzahl von Gestaltungsformen, angefangen vom einfach behauenen Mauerwerkstein über profilierte Bauteile bis zur Bauplastik oder freistehenden Einzelplastik. Naturstein kann nicht nur in seinem bildhauerisch ausgeformten Zustand Erkenntnisse über frühere Epochen vermitteln. Auch der schlichte Mauerwerkstein trägt in Gestalt von Steinmetzzeichen und Bearbeitungsspuren eine Fülle von Informationen über die Bau- und Kulturgeschichte. Viele Bauwerke und besonders Skulpturen waren zum Schmuck oder zum Schutz vor Witterungseinflüssen farbig gefaßt. Farbe und Stein dürfen deshalb nicht getrennt voneinander betrachtet werden.

□ Schäden

Die Schäden an Naturstein sind wegen der Vielfalt der Gesteinseigenschaften und Umweltbedingungen höchst verschieden. Bei ein und derselben Gesteinsart können an einem Gebäude je nach Lage Absanden, Schuppenbildung, tiefgründige Zermürbung und starke Schalenbildung auftreten. In vielen Fällen sind Salze an der Zerstörung beteiligt. Starke Umweltbelastungen durch Staub und Schadstoffe beschleunigen die Verwitterung beträchtlich.

142 Beschädigtes Grabdenkmal auf dem südlichen Friedhof in München.

143 Reiterstandbild des hl. Georg, Sandstein, Mitte 18. Jh. Schloß Ellingen, Lkr. Weißenburg-Gunzenhausen. ▷

☐ Hinweise für eine fachgerechte Pflege

Die Grundlage aller Überlegungen zur Konservierung und Restaurierung ist immer die genaue Prüfung der Schäden im Zusammenhang mit den gesamten Einflußfaktoren der Umgebung. Vor jeder Maßnahme ist – nach denkmalpflegerischen Kriterien – das Konservierungsziel festzulegen. Grundsätzlich sollten zunächst immer alle Möglichkeiten ausgelotet werden, das Objekt an seinem historischen Ort zu erhalten. Erst wenn die zur Verfügung stehenden Konservierungsmittel und -methoden keine dauerhafte Sicherung zu gewährleisten vermögen, sollten andere Möglichkeiten, wie z. B. Herstellung eines Abgusses und Verbringung des Originals in einen Innenraum, in Erwägung gezogen werden.

Jede Restaurierungsmaßnahme zielt darauf ab, die Originalsubstanz so umfassend wie möglich zu erhalten. Dabei sollten die Maßnahmen möglichst »reversibel« (wieder rückgängig zu machen) sein und künftige Restaurierungen nicht verbauen. Mit Substanzverlust verbundene Methoden sollten deshalb unterbleiben. Bei Steinfestigungen ist sorgfältig und dem Schadensbild angepaßt vorzugehen: Pauschalanwendungen können zu unerwünschten Nachteilen führen. Auch die Anwendung von Hydrophobierungsmitteln darf nie ohne Abwägung aller Einflußfaktoren erfolgen, da es auch hier zu Folgeschäden kommen kann. Im übrigen sollten alle Arbeiten gründlich dokumentiert werden, damit künftige Restaurierungen auf einer gesicherten Kenntnis der Vorgeschichte aufbauen können.

144 Stark beschädigte Figur (hl. Matthias?) am Dom in Augsburg.

145 Beschädigte Figur (Detail) am Giebelfries der Staatl. Antikensammlungen in München.

Metall

Wenigen ist bewußt, mit welch bedeutenden Stücken und in welcher Vielfalt Kunstwerke aus Metall in der bayerischen Kulturlandschaft vertreten sind. Augsburg besitzt mit dem Domportal aus dem 11. Jahrhundert und dem Brunnen von Hubert Gerhart und Adriaen de Vries Bronzekunstwerke von europäischem Rang, zu denen auch die Münchner Bronzedenkmäler der gleichen Epoche gehören. Mit der »Bavaria«, einem Bronzeguß Ferdinand von Millers, wurde einer der größten Bronzegüsse seit der Antike überhaupt geschaffen. Uns allen vertraut ist zwar das tägliche Geläut der Kirchenglocken – welche Vielfalt und Qualität an Gußarbeiten jedoch in unseren Glocken verborgen ist, bleibt meist unbekannt. Auch der große Bestand von Zinkgußfiguren und Kupferarbeiten, oft in Großstädten an zentraler Stelle auf den

146 Beschädigtes Bronzedenkmal. Teil des Augustus-Brunnens am Rathausplatz in Augsburg. Modelliert von Hubert Gerhard, von Peter Wagner gegossen. 1594 vollendet. Der Brunnenpfeiler 1749 von Johann Wolfgang Schindel erneuert. Becken und Pfeiler sind jetzt durch Kopien ersetzt.

Dächern oder an Fassaden angebracht, wird nur unbewußt wahrgenommen. Fast unbekannt sind die Galvanoplastiken (hier wird auf elektrochemischem Weg von einem Modell eine Kopie aus Metall hergestellt), die ebenfalls zu Hunderten die Hausfassaden und Bauten des 19. und frühen 20. Jahrhunderts zieren. Neben den Kunstschmiedearbeiten, Grabkreuzen, Türbeschlägen, Toren und Gittern, Turmuhren, kunstvollen Dacheindekkungen und Wasserspeiern sei an die Vielfalt von frühen technischen Denkmälern (z. B. Eisenbrücken) sowie Geräten und Maschinen erinnert. Unübersehbar ist der wertvolle Bestand an kirchlichen Ausstattungsstücken aus Metall in Form von Kelchen, Monstranzen, Leuchtern oder Altaraufsätzen.

□ Schäden

Metalle und Metall-Legierungen korrodieren alle – mit wenigen Ausnahmen. Eisen rostet, die wertvolle alte Patina an den Bronzedenkmälern zersetzt sich durch aggressive Luftverunreinigungen zu häßlichen schwarzen Krusten. Ebenso reagieren Kupfer, Blei und Messing überaus empfindlich auf erhöhte Schadstoffkonzentrationen in der Luft. Da die meisten Denkmäler aus diesen Materialien im Freien stehen, und Schutzmaßnahmen in Form von Anstrichen und Schutzüberzügen immer nur eine begrenzte Zeit haltbar sind, muß angesichts der fortschreitenden Luftverschmutzung leider mit erheblichen Verlusten gerechnet werden. Wie bei allen Kunstwerken liegt in der Oberfläche die eigentliche künstlerische Qualität, und gerade bei Metallen setzt die Korrosion in der Regel an der Oberfläche an.

□ Hinweise für eine fachgerechte Pflege

Schäden an Metallobjekten sind in der Regel schnell zu erkennen. Rostspuren machen schon sehr früh darauf aufmerksam, daß ein neuer Schutzanstrich erforderlich wird. Das Landesamt für Denkmalpflege rät für die Pflege von Objekten aus Metall:

– Ausschlaggebend für die Erhaltung von vielen Metallobjekten im Freien sind oft die schnelle Abführung von Niederschlagwässern, dichte Schutzanstriche oder unbeschädigte Patinaschichten. Hierauf sollte deshalb stets Wert gelegt werden.

– Regelmäßige Oberflächenreinigungen mit reinem Wasser und ggf. unter Anwendung weicher Bürsten haben sich bewährt. Auf sie sollte deshalb grundsätzlich zunächst zurückgegriffen werden.

– Das gängige Sandstrahlen und anschließende Verzinken sollte nur in Ausnahmefällen praktiziert werden, wenn traditionelle Entrostungen von Hand und rechtzeitige Erneuerung der Schutzanstriche zu lange versäumt wurden.

– Schutzüberzüge an Bronzen oder figürlichen Denkmälern sollten immer nur nach Rücksprache mit einem Fachmann aufgebracht werden.

Restaurierungsmaßnahmen an Edelmetallobjekten, die über ein vorsichtiges Abreiben mit weichen, unimprägnierten Tüchern hinausgehen, sind grundsätzlich Sache eines erfahrenen Goldschmiedes oder eines Restaurators, da mit einer Reinigung, einer Abnahme der dunklen oder schwärzlichen Schichten, immer auch das Metall, das Silber bzw. dessen Reaktionsprodukte, mit abgetragen werden. Nie sollten an solchen Objekten mit irgendwelchen Werkzeugen Verunreinigungen oder Flecken abgekratzt werden, denn dies führt ebenso wie der Einsatz von Schleifpapieren oder Schleifpasten zumindest zum Verlust des Glanzes und macht damit die Oberfläche wieder empfindlicher für neue Schmutzablagerungen oder ermöglicht eine erneute, schnellere Korrosionsbildung. Neuvergoldungen oder Neuversilberungen an wertvollem kirchlichen Gerät sollten grundsätzlich erst nach Beratung durch die kirchlichen Oberbehörden und durch das Bayerische Landesamt für Denkmalpflege in Erwägung gezogen werden.

147/148 Ausschnitte aus dem Obelisken aus Erz am Karolinenplatz in München, der zur Erinnerung an die napoleonischen Kriege nach einem Entwurf von Leo von Klenze errichtet wurde. 1833 enthüllt.

149 Wappenscheibe des Grafen von Nassau, 1559. Eingebrannte Malerei (Schwarzlotmalerei).

Glasmalerei

□ Geschichte

Die Werke der Glasmalerei sind überwiegend als farbiges Bild- und Ornamentfenster für Kirchenräume geschaffen. Im Mittelalter gehören sie als kostbare Ausstattungen der Sakralbauten zu den wesentlichsten Kunstschöpfungen. Das älteste und nur noch in Teilen erhaltene Beispiel eines derartigen monumental gestalteten Fensterzyklus befindet sich im Augsburger Dom (»Prophetenfenster«, um 1100). Mit den Kirchenbauten der Gotik, insbesondere der Hochgotik, und ihren den Raum beherrschenden Fensterflächen erreicht die architekturgebundene Glasmalerei im 14. und 15. Jahrhundert ihre größte Blüte. Im 17. und 18. Jahrhundert verliert die architekturgebundene Glasmalerei weitgehend an Bedeutung. Sie wird erst mit der Rückbesinnung auf mittelalterliche Architektur- und Kunstformen im 19. Jahrhundert wiederbelebt.

Neben der architekturgebundenen »monumentalen« Glasmalerei gibt es seit der späten Gotik Glasgemälde auf kleinformatigen Rechteck- und Rundscheiben (sog. Kabinettscheiben). Sie dienen der Ausschmückung von Wohnräumen und werden meist innenseitig vor ein Fenster gehängt, z. T. auch in ein helles, bleiverglastes Fenster eingefügt.

□ Techniken

Die mittelalterlichen Glasgemälde bestehen aus zugeschnittenen farbigen Flachglasstükken, die von schmalen Bleiruten eingefaßt und zu einer figürlichen oder ornamentalen Komposition verbunden sind. Ihre Malschichten sind als dunkle, einfarbige Konturen und Schraffuren vorderseitig und oft zusätzlich rückseitig auf die Farbgläser aufgetragen und auf sie, durch Erhitzen auf 550–600 Grad Celsius, als niedrig schmelzender Glasfluß aufgeschmolzen. Die Vorderseiten mit den Hauptmalschichten sind zum Innenraum gerichtet. In den Glasgemälden der Renaissance und bei den Kabinettscheiben überwiegen farblose Gläser, deren Farbgebung durch flächig aufgetragene und anschließend eingebrannte farbig-durchsichtige Malschichten (»Emailfarben«) oder Farbbeizen (z. B. »Silbergelb«) erreicht wird. Im 19. Jahrhundert werden alle technischen Varianten der Glasmalerei in unterschiedlicher Ausführungsqualität angewendet.

□ Schäden

Wegen ihres zerbrechlichen Materials sind Glasgemälde durch mechanische Beschädigungen in hohem Maß gefährdet. Unwetter (Hagel), Steinwürfe, Zerstörung der Gebäude, Ausstattungsänderungen usw. haben die Werke der Glasmalerei im Lauf der Geschichte stark reduziert.

Die noch erhaltenen Bestände unterliegen mit dem Anstieg von Schadstoffgehalten in Luft und Wasser einer zunehmenden Verwitterung. Sie erfolgt an den Außenseiten durch direkten Wettereinfluß, an den Innenseiten in vermindertem Maß in Verbindung mit Schwitzwasserbildung und Raumfeuchte. Dabei lösen sich die Bemalungsschichten vom Untergrund, zuerst die dünnen Lasuren (Halbton), dann die stärkeren Konturen bei mittelalterlichem Glas sowie die flächigen Bemalungen bei späteren Gläsern. Gleichzeitig wird das Glas selbst chemisch von der Oberfläche her aufgelöst und in undurchsichtige Zersetzungsprodukte (»Wetterstein«) umgewandelt. Frühe Stufen der Zerstörung beginnen als punktförmige Narben (»Lochfraß«). Andere Zersetzungsprozesse führen zu dunklen Metalloxydausscheidungen unterhalb der Glasoberfläche (»Verbräunung«) oder zeigen sich als kleinteiliges Zerreißen der Gläser.

Insbesondere durch den Verlust der Malschichten werden die Glasgemälde als solche zerstört. Bei sehr weit fortgeschrittenen Korrosionsprozessen bleiben anstelle der Glasgemälde fleckige Farbmosaike zurück. Die mittelalterlichen Glasfenster sind aufgrund ihrer verwitterungsunbeständigeren Glaszusammensetzung am meisten gefährdet.

□ Hinweise für eine fachgerechte Pflege

Seitdem es Glasgemälde gibt, hat man Schutz- und Erhaltungsmaßnahmen entwikkelt:

- Zum Schutz vor mechanischen Beschädigungen von wertvollen Glasfenstern werden seit dem Mittelalter außenseitige Drahtgitter verwendet.
- Als generelle Schutzmaßnahme, die insbesondere für mittelalterliche Scheiben unbedingt notwendig ist, werden die Glasgemälde durch Schutzverglasungen von der direkten Außenatmosphäre abgeschlossen. Die originalen Glasgemälde werden separat gerahmt und, mit einigen Zentimetern Abstand, zum Innenraum hin hinterlüftet, nach innen versetzt. Diese Außenschutzverglasungen verringern die Verwitterung der Glasfenster erheblich.
- Der Bruchgefahr kann vorgebeugt werden, wenn das Bleinetz der Glasgemälde oder ihre Halterungen, die oft stark deformiert sind, repariert werden; meist sind dann der Ausbau der Fenster und ihre Restaurierung in einer Fachwerkstatt erforderlich.

Die Konservierungs- und Restaurierungsarbeiten am Glas und am Bleinetz können in der Regel nur in spezialisierten Glasrestaurierungs-Werkstätten durchgeführt werden.

Bei der Durchführung von Restaurierungsmaßnahmen ist die größtmögliche Erhaltung der historischen Substanz anzustreben. Defekte Partien am Bleinetz sollten vorzugsweise gelötet, gesprungene Glasstücke geklebt und nötigenfalls stückweise ergänzt, nicht jedoch durch neues Material ersetzt werden. Die regelmäßige Zustandskontrolle von Glasgemälden durch Fachwerkstätten und die rasche Behebung kleinerer Schäden helfen, größere Verluste zu vermeiden.

151 Kreuzverglasung im Kloster Heilig-Kreuz in Regensburg. Marienkopf aus einer Verkündigung, ca. 1360. Vollständige Oberflächenkorrosion der Scheibenaußenseite mit lagenweise abplatzenden Zersetzungsschichten des Glases (»Wetterstein«). ▷

◁ **150** Ausschnitt aus dem Fenster der Werkstatt Peter Hemmels im Dom zu Augsburg. Scheibeninnenseite mit unterschiedlichem Verwitterungsgrad der einzelnen Glassorten: das hautfarbene Glas (»Inkarnat«) vom Kopf des Engels hat aufgrund seiner chemischen Zusammensetzung geringste Beständigkeit.

Gemälde

□ Geschichte und Techniken

Gemälde können auf verschiedenen Bildträgern angebracht sein:
In der byzantinischen und in der mittelalterlichen Malerei sind Gemälde fast ausschließlich auf Holz gemalt, für größere Formate hat man dabei einzelne Bretter zu Tafeln zusammengefügt. Oft ist auch gleichzeitig der Rahmen fest mit den einzelnen Tafeln verbunden. Im späten Mittelalter treten vereinzelt Gemälde auf Leinwand auf, seit der Renaissance ist dagegen bis heute die Leinwand der bevorzugte Bildträger für Malereien geblieben. Fast alle Altarbilder in den bayerischen Kirchen sind auf Leinwand (bzw. auf gewebte Bildträger) gemalt.

Die Grundierung mittelalterlicher Tafeln ist in der Regel weiß, sie besteht meist aus Kreide oder Gips, die mit tierischem Leim (Hautleim, Herstellung aus Tierhäuten oder Tierknochen) gebunden sind. Der weiße Grund dient sowohl als Unterlage für Vergoldungen wie für die Malerei. Das Klebemittel für das Blattgold auf den Tafelhintergründen (»Goldgrund«) oder an Heiligenscheinen und Gewandsäumen sind gelbe oder rote Tonerden, das sog. Poliment. Häufig sieht man bei mittelalterlichen Malereien die rote Tönung des Poliments durch das gealterte Gold hindurchschimmern.
In der Renaissance und vor allem im Barock werden die weißen Grundierungen durch farbige Gründe abgelöst. Dieser Wechsel der

152/153 Schimmelbefall eines Leinwandgemäldes von 1711 im ehemaligen Zisterzienserkloster in Kaisheim. Darstellung Mariä Himmelfahrt.

Farbigkeit von Grundierungen geht gleichzeitig einher mit einem Wechsel in der Maltechnik, wobei sich regional und bei einzelnen Künstlern oder Schulen unterschiedlichste Arbeitsweisen und Techniken entwickeln. Die mittelalterliche Temperatechnik (Tempemalmittel bestehen aus Mischungen von öligen und/oder harzigen und wässerigen Bestandteilen, also z. B. Ölzusatz in Kasein) wird durch ölgebundene Farben abgelöst. In erster Linie wird das aus der Flachspflanze gewonnene Leinöl verwendet.
Mit Ausnahmen, z. B. der Pastellmalerei, werden die Gemälde abschließend meist gefirnißt. Als Firnis verwendet man trocknende Öl- oder Harzüberzüge, auch Überzüge aus Hühnereiweiß. Der Firnis bewirkt neben einer Erhöhung des Tiefenlichtes einen differenzierten Oberflächenglanz und stellt gleichzeitig einen Oberflächenschutz für die Malschicht dar.

□ Schäden

Holztafeln können von tierischen (»Holzwurm«) und auch pflanzlichen Schädlingen (Schimmel, Pilze) befallen werden.
Bekannt sind die kleinen Holzwurmlöcher, wie sie auf vielen Tafelbildern z. T. in unzähliger Menge vorliegen. Neben den sichtbaren Ausfluglöchern sind die unsichtbaren Fraßgänge der Insektenlarven im Innern des Holzes für den Bestand gefährlich.

– Schimmelbefall tritt ausschließlich unter bestimmten klimatischen Voraussetzungen auf. Kenntlich wird ein solcher Befall z. B. durch weißliche Ablagerungen auf der Malschicht.
– Ein zu feuchtes Klima läßt die Leinwand verrotten, das Gewebe kann das Gewicht der Malschicht nicht mehr tragen, bekommt Beulen oder reißt ein.
– Zu starke Klimawechsel oder ungünstige Klimaverhältnisse sind weit verbreitete Schadensursachen, da Holz, Leinwand und auch die Grundierungswerkstoffe sowie die Farbschichten sehr stark auf Veränderungen der relativen Luftfeuchtigkeit reagieren.
– Dicke Schmutzablagerungen, ungeeignete, dicke Firnisüberzüge oder stark vergilbte, fleckig und trübe gewordene Firnisüberzüge sind weitere häufig anzutreffende Schadensbilder.

Die Fähigkeit von Holz, Leinwand und den Farbschichten, stark und schnell auf Wechsel der Luftfeuchtigkeit zu reagieren, ist immer verbunden mit einer (oft minimalen) Volumenänderung. Sichtbar wird diese z. B. im Reißen und Springen von Tafelbildern oder bei allen Malschichten durch kleine Sprünge, das »Krakelee«.
Zu starker Wechsel der Luftfeuchtigkeit führt häufig zu Lockerungen und in nicht seltenen Extremfällen zum Ablösen der Mal-

154 Kittungen an einem Gemälde, durch Überleimungen gelöst.

schicht. Man spricht von Blasen- und Schüsselbildung, und oft hat die Malschicht dann keinerlei Verbindung mehr mit dem Bildträger. Eine teilweise oder flächige Erwärmung der Bilder, z. B. durch Sonnenlicht, kann selbst in kurzer Zeit zu einer extremen Gefährdung der Malschicht führen.

□ Hinweise für eine fachgerechte Pflege

Es gibt kaum Möglichkeiten für den Laien, Pflegemaßnahmen an Gemälden selbst durchzuführen. Die Verantwortlichen oder Eigentümer jedoch können sehr viel dafür tun, daß Gemälde keinen Schaden erleiden.

– In erster Linie sollten Bilder, die über Jahrzehnte oder über Jahrhunderte an einem festen Platz aufbewahrt wurden oder als Andachtsbild seit Jahrhunderten in einem Kirchenraum im Altar eingebaut sind, nur in Ausnahmefällen bewegt werden.

– Wegen der durch geänderte Klimawerte drohenden Gefahren kann ein zu starkes oder zu schnelles Aufheizen von Kirchenräumen zu verheerenden Folgen führen.

– Anzeichen für den Holzwurmbefall ist oft frisches Fraßmehl von Holzwürmern oder kleine Farbpartikel, die aus einem Gemälde gefallen sind. Bei diesen Alarmzeichen sollte man möglichst umgehend die zuständigen Fachbehörden um eine Ortsansicht und Beratung bitten.

155 Nach Entfernung der Kittungen sind die Anobienfraßgänge deutlich erkennbar.

Zu Seite 145
156 Kranzengel aus dem Englischen Gruß von Veit Stoß während der Restaurierung. Kirche St. Lorenz in Nürnberg. 1517–1519 aufgrund eines Auftrags von Anton II. Tucher entstanden. Die Übermalung verdeckte die gemalten Locken und zeigte einen glasigen Blick.

– Sofortmaßnahmen durch den Eigentümer selbst sollten möglichst unterbleiben. Auch Reinigungsmaßnahmen mit Besen und feuchten Tüchern sollten unbedingt vermieden werden; allenfalls kann das Gemälde mit weichen kleinen Bürsten oder Pinseln kontrolliert und kleinflächig abgestaubt werden.
– Wenn es erforderlich wird, Gemälde zeitweise an einem anderen Ort aufzubewahren, ist dafür zu sorgen, daß gleiche oder ähnliche Temperaturverhältnisse und eine gute Lüftung gewährleistet sind. Dachböden und Kellerräume sind kein geeigneter Aufbewahrungsort für Kunstwerke, ebensowenig wie festverschlossene, ungelüftete Nebenräume. Es ist Sache des Fachmannes, des erfahrenen Gemälderestaurators, Firnisse zu dünnen oder abzunehmen, Fehlstellen auszubessern oder lockere Farbschichten niederzulegen.
– Für alle diejenigen, die eine größere Sammlung von Gemälden besitzen, empfiehlt es sich dringend, in regelmäßigen Abständen die vorhandenen Kunstwerke von einem Fachmann begutachten und kleine Sicherungsarbeiten ohne großen finanziellen Aufwand regelmäßig durchführen zu lassen. Neben den finanziellen Vorteilen bleibt bei einer verantwortungsvollen und regelmäßigen Pflege auch der ideelle Wert des Gemäldes als authentisches Kunstwerk erhalten.

Gefaßte Skulpturen

□ Was sind gefaßte Skulpturen?

Innerhalb der bayerischen Kunst stellen die farbigen »Bildwerke« aus Holz wohl die wichtigste Gruppe der Sparte »Gefaßte Skulpturen« dar. In vielen Kirchen und Kapellen sind gefaßte Gnadenbilder unverzichtbarer Gegenstand der Verehrung. Zu den gefaßten Skulpturen zählen aber auch bemalte Bildstöcke und Hausfiguren, farbig gefaßte Wappensteine und Wegkreuze.

□ Geschichte

Die Mehrzahl aller Holzskulpturen war ursprünglich gefaßt. In der mittelalterlichen Kunst, aber auch in den späteren Kunstepochen ist die Fassung, also die Bemalung/Vergoldung einer Skulptur, untrennbar mit dieser verbunden. Erst durch die Fassung wird der »Abbildcharakter« des Bildwerkes anschaulich, beim Gekreuzigten z. B. wird erst durch die Aufmalung der Blutbahnen und die Darstellung des toten Fleisches mit den Mitteln und der Technik der Faßmalerei der Realitätscharakter der Figur erlebbar und anschaulich; erst die Fassung macht aus dem geschnitzten Holz den toten Leib.
Wie Edelsteine kunstvoll »gefaßt« werden, so hat man Skulpturen durch die Fassung veredelt. Auch die bekannten Bildwerke von Tilman Riemenschneider, die oft irrtümlich als »ungefaßt« bezeichnet werden, waren ursprünglich mit einem einfarbigen (monochromen) Überzug versehen.

□ Techniken

Wie bei der Malerei gibt es auch bei der Faßmalerei eine Stil- und Entwicklungsgeschichte. Hierzu einige Hinweise:
– Bei Neufassungen, bedingt durch Stilwandel und Alter, wurden ältere Fassungen früher selten abgenommen (»freigelegt«). Die Skulpturen hat man in zeitgemäßer Technik und in »neuem Stil« überarbeitet. Oft sind dabei Teile der alten Fassung – z. B. die besonders aufwendige und damit besonders wertvolle Vergoldung – auch in die neue Fassung übernommen worden. Skulpturen hat man also oft nur teilweise neu gefaßt. Bei älteren Figuren liegen fast immer mehrere Fassungsschichten übereinander, und sehr oft sind die jüngeren künstlerisch weitaus bedeutsamer oder erhaltungswürdiger als ältere Schichten, die häufig gerade wegen des schlechten Erhaltungszustandes zu einer neuen Oberflächengestaltung Anlaß gegeben haben.
– Besonders aufwendige Fassungstechniken sind die Lüsterfassungen. Hier wird eine transparente Farbschicht (häufig ein roter oder grüner »Farblack«) über eine Silber- oder Goldunterlage gelegt; die unten liegende Metallfolie reflektiert das Licht sehr stark, und es entsteht eine dem farbigen Email vergleichbare leuchtende Wirkung.
– Vielfach sind in Grundierungsschichten auch Muster eingraviert oder mit Spezialwerkzeugen, sog. Punzen, Verzierungen in die Vergoldung eingeschlagen. Eine der aufwendigsten Techniken ist die Verzierung mit Preßbrokatmustern, hier werden besonders präparierte Metallfolien mit einer Prägemasse (z. B. Harze/Wachs) hinterlegt, vergoldet, lüstriert (mit durchsichtigem Farblack versehen) und auf die Grundierung aufgeklebt. Imitiert werden mit dieser Technik wertvollste Brokatstoffe.

□ Schäden

Ähnlich wie bei der Tafelmalerei liegen die größten Gefahren in sorglosem Umgang und klimabedingten Einflüssen. Gerade gefaßte Skulpturen reagieren wegen der großen Masse der Holzsubstanz besonders schnell und extrem auf Klimaveränderungen. Auch die seit altersher weite Verbreitung der rückseitigen Aushöhlung der Figuren zur Vermeidung des Reißens des Holzblocks kann starke Klimaschwankungen nicht auffangen: Die Figuren reißen, angesetzte Teilstücke können sich lösen oder lockern, und die Fassung kann abgesprengt werden. Auf tierische und

pflanzliche Schädlinge reagieren Holzskulpturen wie Tafelbilder. Relativ selten sind historische Fassungen allerdings so beschädigt, verbraucht oder verschmutzt, daß eine Neufassung erforderlich wird. Meist läßt sich deshalb durch eine sachgerechte Reinigung ein Zustand erzielen, der bei Duldung typischer Alterspatina gepflegt und angemessen aussieht.

□ Hinweise für eine fachgerechte Pflege

Wichtig für die Pflege von gefaßten Bildwerken sind in erster Linie ein konstantes Klima und eine gleichbleibende Luftfeuchtigkeit (Achtung bei zeitweilig beheizten Räumen!). Beim Reinigen sollte nie ein angefeuchtetes Tuch verwendet werden, denn die Feuchtigkeit kann dünn aufgetragene Vergoldungen zerstören und die Grundierung anquellen lassen. Werden Holzschädlinge entdeckt, müssen diese möglichst umgehend bekämpft werden.

Das Freilegen älterer Fassungen bei Skulpturen ist immer eine sehr verantwortliche restauratorische Tätigkeit. In jedem Einzelfall sollte hier vorher der Rat eines erfahrenen Fachmanns eingeholt werden.

Im Freien aufgestellte Hausfiguren, Wegkreuze und Marterln verlangen eine intensive Pflege. Das Unterlassen kleinerer Unterhaltungsarbeiten führt durch Witterungseinflüsse schnell zu gravierenden Schäden. Bewährt haben sich hier belüftete Abdeckungen während des Winters oder kleine Vordächer. Gefahr droht im Freien stehenden Figuren immer dann, wenn Schnee- oder Regenwasser bis in das Holz eindringen und das Wasser lange Zeit nicht verdunsten kann. In Ausnahmefällen kann es erforderlich werden, daß solche gefährdeten Figuren in einen Innenraum verbracht werden. Auch hier berät das Bayerische Landesamt für Denkmalpflege und hilft, allseits befriedigende Lösungen zu finden.

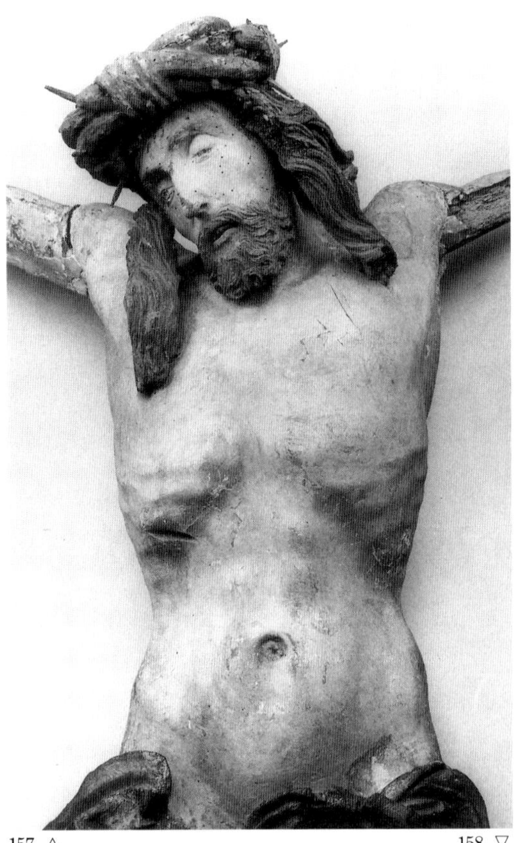

157 △

158 ▽

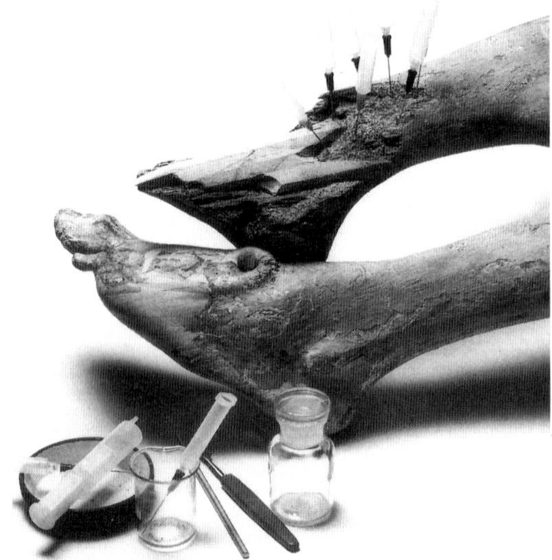

159 △ 160 △

161 ▽

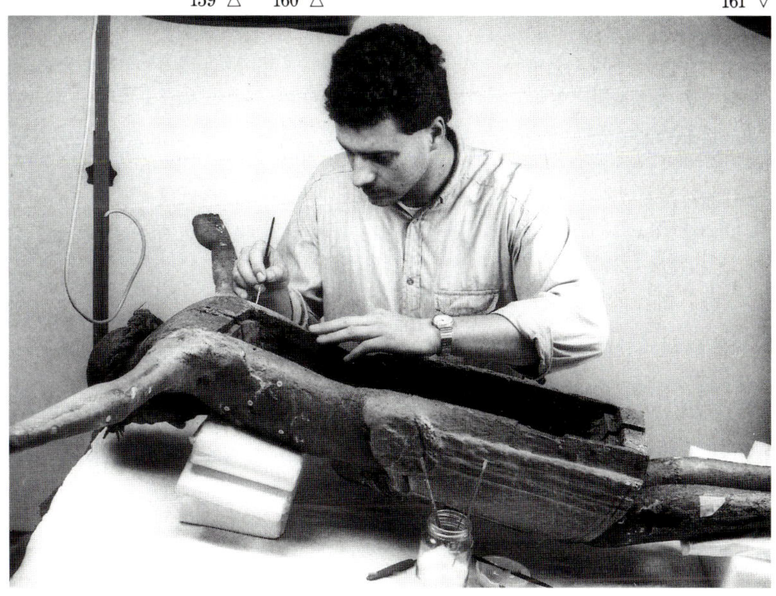

157 Kruzifix aus Kloster Niedernburg bei Passau, 1508. Holzwurmlöcher vor allem im Gesicht erkennbar.

158 Holzkonservierung am Kruzifix aus Kloster Niedernburg mittels Stabilisierung aus Eschenholz und Kunstharztränkung.

159/160 Gefaßte Holzskulptur des Johannes Ev. (?) des Häringer-Altars aus Windkreut, Gmde. Peißenberg. Vorder- und Rückansicht, 1762.

161 Romanisches Kruzifix, 13. Jh. Niederlegung der Fassung. ▷

Textile Gegenstände

Zum textilen Kunst- und Kulturgut gehören Objekte, die aus natürlichen und synthetischen Fasern und Fäden hergestellt worden sind, z. B. Bildteppiche, Stickereien, Gewänder, Trachten, gestickte, bedruckte und bemalte Behänge, Reliquienhüllen, Spitzen, Tapeten, Teppiche, Fahnen u. a.
In den Sakristeien der Kirchen, in kleinen Museen sowie Schlössern und anderen Baudenkmälern finden sich noch zahlreiche Paramente und Wandbehänge aus dem 17., 18. und 19. Jahrhundert. Diese Gewebe und Stickereien aus Seide, Leinen, Wolle und anderen Materialien sowie Gold- und Silberfäden sind in Handarbeit mit großer Kunstfertigkeit hergestellt worden.

□ Schäden

Schäden entstehen durch Aufbewahrung in falschem Raumklima, zu starke Lichteinwirkung sowie jegliche mechanische Beanspruchung. Hohe Luftfeuchtigkeit verursacht Schimmelbefall und die Zersetzung des organischen Materials; durch die UV-Strahlung des Tageslichtes verblassen die Farben, und der natürliche Verfall der Fasern wird beschleunigt.
Staub und Schmutz auf den porösen Oberflächen bewirken zusammen mit Luftverschmutzung und Feuchtigkeit eine chemisch-physikalische Zerstörung der Materialsubstanz. Schädlinge wie Motten, Teppichkäfer oder Mäuse verursachen unwiederbringliche Verluste.

□ Hinweise für eine fachgerechte Pflege

Textile Gegenstände sollten in einem Raumklima von 45–55% relativer Luftfeuchtigkeit bei einer Temperatur von 18°–20° C in staubdichten Schränken, Vitrinen oder chlor- und säurefreien Kartons aufbewahrt werden (Beleuchtung max. 50 LUX). Große Stücke dürfen nicht geknickt werden, sondern werden mit der Schauseite (Stickerei) nach außen auf feste Rollen aufgerollt. Gewänder (Priestergewänder, sog. Kaseln usw.) müssen auf formgerechten Bügeln hängen. Unerläßlich sind Schutzhüllen aus feinem Baumwollgewebe, die Staubschutz und Sicherung gegen mechanische Beschädigungen sind.
Insektenvertilgungsmittel dürfen nie auf das

162 Unrestauriertes Christkind, sog. Tröstlein, aus Wachs mit Bekleidung. Aus der kath. Filialkirche Dürrenried, Lkr. Haßberge.

163 Restaurierte Dalmatik mit Gold- und Seidenstickerei, 18. Jh., aus der katholischen Pfarrkirche in Gerzen, Lkr. Landshut. ▷

Objekt gesprüht oder in Kontakt mit dem Textil gebracht werden. Regelmäßige Reinigung der Aufbewahrungsräume und der Schränke ist der sicherste Schutz gegen Schädlinge. Mottenmittel können an Rückwänden der Vitrinen und Schränke aufgehängt werden.
Neue Materialien dürfen auf Textilien (Metallfäden u. a.) keine schädigenden Auswirkungen haben. Schädlich sind u. a. Formaldehydausdünstung von Preßspanplatten, chlor- und säurehaltige Papiere und Pappen, weiche Plastikfolien, selbstklebende Folien sowie verschiedene Klebstoffe zum Beziehen von Bügeln und Vitrinenwänden.
Textilien müssen unbedingt ausgelagert werden, bevor eine Baumaßnahme beginnt. Jede »Instandsetzung« von Textilien (auch des 18. und 19. Jahrhunderts) sollte von Textilrestauratoren durchgeführt werden. In allen Fragen der Konservierung und Restaurierung von Textilien beraten die Textilrestaurierungswerkstätten des Bayerischen Landesamts für Denkmalpflege.

Historische Ausstattungsstücke

☐ Was sind historische Ausstattungsstücke?

Unter »historischen Ausstattungsstücken« versteht man in erster Linie mit dem Bauwerk fest verbundene Teile, wie z. B. in Kirchen Beichtstühle, Betstühle und Sakristeieinrichtungen; darüber hinaus Wandverkleidungen und Mobiliar, hölzerne Decken, Türstöcke, Türen, Fenster, Bodenbeläge, Treppengeländer, alte Öfen, Heizkörper, aber gelegentlich auch ganze technische Einrichtungen oder Anlagen, wie z. B. Werkstätten, Fabrikeinrichtungen etc., die für das Gebäude geschaffen wurden und seine Geschichtlichkeit mitprägen.

Bei Altären in Kirchen findet man häufig Nadelhölzer, bei geschnitzten Gestühlteilen vielfach auch Eichenholz. Oft waren und sind diese Ausstattungsteile farbig gefaßt. Die Bemalung, Vergoldung oder Farbfassung der Ausstattungsstücke unterscheidet sich im technischen Aufbau nicht wesentlich von der Fassung von farbigen Bildwerken. Die Oberflächen von Möbeln sind vielfach durch Beizen, Polituren oder transparente Überzüge veredelt. Besonders aufwendige Möbel haben reichhaltige Intarsien aus unterschiedlichsten Hölzern oder Zinn- und Messingeinlagen, Elfenbein und Schildpatteinlagen sowie vielen anderen Materialien. Vielfältigste regionale Unterschiede zeigen die oft aufwendig geschnitzten oder bemalten Wandverkleidungen. Selbst einfache Dielenböden sind zwischenzeitlich wertvoll und selten geworden, da Dielen in entsprechender Länge, Breite und Holzstärke kaum oder nur noch mit sehr hohem Aufwand im Handel erhältlich sind.

Oft sind es Ausstattungsdetails wie Türen, Fenster oder Bodenbeläge, die in unseren Bürger- oder Bauernhäusern, in Kirchen und Schlössern erhalten sind und den Charakter der Baudenkmäler wesentlich prägen.

164 Priorenstuhl im Mönchschor der Klosterkirche in Buxheim, Lkr. Unterallgäu. 1691 von Ignaz Waibel geschaffen.

☐ Schäden

Bedingt durch den Gebrauch unterliegen die Ausstattungsstücke einem ständigen Verschleiß. In eingebautem Zustand sind versteckte Feuchtigkeitsschäden oder nicht bemerkter Schädlingsbefall die größten Gefahrenmomente. Wie alle Kunstgegenstände verlangt historisches Mobiliar einen besonders pfleglichen Umgang; Einschränkungen bei der Nutzung müssen bisweilen in Kauf genommen werden. Auch wenn moderne Nutzungsansprüche unvermeidbar sind, ist doch in jedem Einzelfall abzuwägen, ob eine geringfügige Nutzungserleichterung einen massiven Umbau des Objekts rechtfertigt. Dieser geht fast immer einher mit Verlusten an wertvollen historischen Details und Oberflächen. Die weitaus größten Schäden an historischem Mobiliar entstehen durch vorschnelles, unüberlegtes und unsachgemäßes Umbauen oder Modernisieren. Mit Hilfe von fachkundigen Beratern ist es fast immer möglich, sowohl die Originalität und den Alterswert von Ausstattungen zu erhalten, wie auch eine angemessene Funktion und Nutzung zu gewährleisten.

☐ Hinweise für eine fachgerechte Pflege

Feuchte oder gar nasse Oberflächenreinigungen sind möglichst zu vermeiden. Polituren oder Beizen vertragen keine Feuchtigkeit. Uneingeschränkt angeraten werden kann nur das Abreiben mit weichen Tüchern. Holzpflegemittel können bei empfindlichen Möbeln meist nur mit Vorbehalt angewendet werden. Bei den Holzschutzmitteln sind Herstellerhinweise strikt einzuhalten, wenn Gefährdungen oder lang andauernde Geruchsbelästigungen ausgeschlossen sein sollen. Unter dem Gesichtspunkt von Denkmalschutz und Denkmalpflege sollte grundsätzlich auf die Verwendung von alkalischen oder säurehaltigen »Reinigungsmitteln« verzichtet werden. Auch das »Abbeizen« gefaßter Möbel stellt keine Alternative dar.

Allgemeine Finanzierungsfragen

Die Pflege der Denkmäler liegt im öffentlichen Interesse; deshalb fördert der Staat die Projekte mit einer breiten Palette an Hilfen. Folgende Übersicht soll der Orientierung dienen.

Zuschüsse des Bayerischen Landesamts für Denkmalpflege

Für die Erhaltung, Sicherung und Restaurierung von Denkmälern, die sich nicht im Eigentum des Staates befinden, können Zuschüsse des Bayerischen Landesamts für Denkmalpflege gewährt werden. Diese kommen dem Privatmann, aber auch kommunalen Gebietskörperschaften oder Kirchen zugute. Ein Rechtsanspruch auf Förderung besteht nicht.

Die Höhe der Zuschüsse richtet sich vor allem nach Bedeutung und Dringlichkeit des Einzelfalls, der Finanzkraft des Eigentümers und natürlich nach den bereitstehenden Haushaltsmitteln. Wichtig:

- Nur die denkmalpflegerischen Mehraufwendungen werden bezuschußt, nicht der normale Erhaltungsaufwand, der bei jedem Gebäude anfallen kann und den jeder Eigentümer selbst tragen muß.
- Antragsformulare auf Zuschußgewährung gibt es bei den Unteren Denkmalschutzbehörden; diese nehmen die Anträge entgegen.
- Notwendige Entscheidungshilfen sind ein Kostenvoranschlag und ein Finanzierungsplan, die jedem Zuschuß-Antrag beigefügt werden müssen.
- Die Entscheidung liegt beim Bayerischen Landesamt für Denkmalpflege, mit dem die vorgesehenen Maßnahmen abgestimmt werden müssen.

Förderung aus dem Entschädigungsfonds (Zuschüsse/Darlehen)

Sind Kosten für Instandsetzungs- und Instandhaltungsmaßnahmen an Baudenkmälern für den Eigentümer unzumutbar hoch oder erfolgen Eingriffe, die enteignend wirken (in der Praxis selten der Fall), kann eine Förderung aus dem vom Bayerischen Staatsministerium für Unterricht, Kultus, Wissenschaft und Kunst verwalteten Entschädigungsfonds in Frage kommen.

Grundsätzlich wird jedem Eigentümer die Erhaltung seines Denkmals zugemutet. Ist ausnahmsweise die Grenze der wirtschaftlichen Zumutbarkeit überschritten, springt der Staat unterstützend ein. Beurteilt wird vorher nicht nur das Verhältnis zwischen dem voraussichtlichen Aufwand und dem möglichen wirtschaftlichen Ertrag. Auch die wirtschaftlichen Verhältnisse des Eigentümers sowie seine sonstigen Aufgaben und Verpflichtungen sind entscheidungserheblich. Seine wirtschaftlichen Verhältnisse muß der Eigentümer mit Einkommens- und Vermögenssteuerbescheiden offenbaren, wenn er staatliche Hilfe beanspruchen möchte. Oft ist hierfür das Gutachten eines Wirtschaftsprüfers oder Steuerberaters hilfreich. Selbstverständlich spielt auch die denkmalpflegerische Bedeutung des Objektes eine wesentliche Rolle.

◁ **165** Arkadenhof eines Anwesens in Mühldorf am Inn.

Beim Verfahren auf Inanspruchnahme des Entschädigungsfonds sind folgende Schritte zu beachten:
– Der Antrag für die Inanspruchnahme des Entschädigungsfonds wird von der Unteren Denkmalschutzbehörde gestellt. An sie muß sich der Bürger wenden, wenn er in den Genuß einer Förderung aus dem Entschädigungsfonds kommen will. Die fachliche Abstimmung erfolgt mit dem Landesamt für Denkmalpflege.

– Besteht Einvernehmen darüber, daß ein Baudenkmal mit Mitteln des Entschädigungsfonds instandgesetzt werden soll, erstellt das Landesamt für Denkmalpflege ein Rahmengutachten für die Instandsetzung (Auslöseschreiben). Es wird der Unteren Denkmalschutzbehörde und dem Bauherrn zugeleitet.
– Damit sind die Weichen gestellt: Der Bauherr muß nun unter Beachtung des Rahmengutachtens ein Architektenprojekt mit Kosten- und Finanzierungsvoranschlägen erstellen lassen. Dies geschieht in der Praxis in enger Absprache mit dem Landesamt für Denkmalpflege. Das fertige Projekt ist der Unteren Denkmalschutzbehörde zuzuleiten.

– Aufgrund dieser Unterlagen erarbeitet die Untere Denkmalschutzbehörde den Antrag auf Inanspruchnahme des Entschädigungsfonds in enger Zusammenarbeit mit dem Bauherrn und dem Landesamt für Denkmalpflege. Das Architektenprojekt wird baufachlich und rechnerisch überprüft. Dabei wird auch ein Finanzierungsplan erstellt.

– Die Untere Denkmalschutzbehörde legt den Antrag dem Landesamt für Denkmalpflege zur abschließenden denkmalpflegerisch-fachlichen Beurteilung vor.

– Nunmehr werden die Unterlagen dem Staatsministerium für Unterricht, Kultus, Wissenschaft und Kunst zur Entscheidung vorgelegt. Dieses erläßt – wenn Fördermittel bereitgestellt werden können – den Bewilligungsbescheid gegenüber dem Bauherrn.

Wird eine Bezuschussung von DM 500 000,– oder mehr gewährt, sichert der Staat die denkmalpflegerischen Belange rechtlich besonders ab: Der Eigentümer muß sich damit einverstanden erklären, daß eine »beschränkt persönliche Dienstbarkeit« im Grundbuch eingetragen wird. Hiermit wird der Eigentümer verpflichtet, einen Abbruch zu unterlassen und Veränderungen am Baudenkmal nur mit vorheriger Zustimmung des Landesamts für Denkmalpflege vorzunehmen.

Steuertips für Denkmaleigentümer

Einkommensteuer

Neben den Zuschüssen des Landes, die im Einzelfall gewährt werden können, gibt es unter dem Gesichtspunkt von Denkmalschutz und Denkmalpflege eine Reihe von Steuervergünstigungen.

Allgemeines

□ Einführung

Erste Voraussetzung ist stets: Bei dem Gebäude oder Gebäudeteil muß es sich um ein Baudenkmal im Sinne des Denkmalschutzgesetzes handeln. Steuervergünstigungen sind auch für das äußere Erscheinungsbild von Gebäuden denkbar, die für sich allein nicht die Voraussetzungen für ein Baudenkmal erfüllen, aber Teil einer denkmalpflegerisch als Einheit geschützten Gebäudegruppe (sog. »Ensemble«) sind.
Mit den steuerlichen Vergünstigungen soll den besonderen Belangen des Denkmalschutzes Rechnung getragen werden. Die in diesem Zusammenhang geforderten Tatbestandsvoraussetzungen, die erfüllt sein müssen, um in den Genuß einer Steuervergünstigung zu gelangen, sind daher stets durch eine entsprechende Bescheinigung der nach Landesrecht zuständigen Behörde nachzuweisen.
Im Freistaat Bayern ist mit der Erteilung der Bescheinigung das Bayerische Landesamt für Denkmalpflege betraut. Die Bescheinigung unterliegt weder in tatsächlicher noch in rechtlicher Hinsicht der Überprüfung durch die Finanzbehörden. Die Finanzämter sind an die im Bescheinigungsverfahren getroffenen Feststellungen gebunden.
Im Rahmen des steuerlichen Veranlagungsverfahrens ist von den Finanzämtern lediglich zu prüfen:
– ob die vorgelegte Bescheinigung vom Landesamt für Denkmalpflege ausgestellt wurde,
– ob das Baudenkmal bei einer steuerlichen Einkunftsart (z. B. Vermietung und Verpachtung) erfaßt werden kann,
– ob die bescheinigten Aufwendungen zu den Herstellungskosten, den Anschaffungskosten oder Erhaltungsaufwendungen gehören,
– ob und inwieweit nach Maßgabe der vorstehenden Einordnung die bescheinigten Aufwendungen steuerwirksam berücksichtigt werden können,
– in welchem Veranlagungsjahr Steuervergünstigungen in Anspruch genommen werden können.
Grundsätzlich gilt: Fällt die Eigenschaft als Baudenkmal während des jeweiligen Begünstigungszeitraums weg, können steuerliche Vergünstigungen nicht weiter in Anspruch genommen werden.
Das Einkommensteuerrecht gewährt den Eigentümern denkmalgeschützter Bausubstanz folgende Möglichkeiten, ihre Steuerbelastung zu mindern:
– Abzug als Werbungskosten (erhöhte Abschreibungen von Anschaffungs- oder Herstellungskosten und Sonderbehandlung von Erhaltungsaufwendungen)
– Abzugsmöglichkeiten wie Sonderausgaben bei eigengenutzten Baudenkmälern (Abzug von Anschaffungs- oder Herstellungskosten und Sonderbehandlung von Erhaltungsaufwendungen)
– Abzug im Rahmen der außergewöhnlichen Belastungen.
Art und Umfang der steuerlichen Förderung hängen entscheidend davon ab, wie die getätigten Aufwendungen steuerlich einzuordnen sind und ob bzw. inwieweit aus dem Baudenkmal steuerlich relevante Einkünfte erzielt werden.

□ Einordnung der Aufwendungen

Aufwendungen für die laufende Instandhaltung und Instandsetzung eines bestehenden Gebäudes, die im allgemeinen durch die gewöhnliche Nutzung des Grundstücks veranlaßt sind, gehören regelmäßig zum *»Erhaltungsaufwand«*. Gleiches gilt auch für Auf-

wendungen für die Erneuerung von Gebäudeteilen, Anlagen oder Einrichtungen (z. B. Austausch von Fenstern oder Türen, Einbau einer Zentralheizung anstelle zuvor vorhandener Einzelöfen, Umdeckung des Daches, usw.) Auf den Zustand oder die Brauchbarkeit der erneuerten Bestandteile kommt es grundsätzlich nicht an.
Der steuerliche Fachbegriff der *»Herstellungskosten«* ist im Gegensatz zum in der Regel sofort abziehbaren »Erhaltungsaufwand« zu sehen. Herstellungskosten können z. B. dann gegeben sein, wenn Modernisierungs- oder Instandsetzungsmaßnahmen so umfangreich sind, daß das Gebäude

- wesentlich in seiner Substanz vermehrt,
- in seinem Wesen erheblich verändert oder
- über seinen bisherigen Zustand hinaus deutlich verbessert wird.

Die Abgrenzung zwischen »Erhaltungsaufwand« und »Herstellungskosten« ist fließend. Die Einordnung, die nur anhand der Gesamtumstände des Einzelfalles entschieden werden kann, obliegt allein den Finanzämtern. Die Denkmalschutzbehörden oder das Landesamt für Denkmalpflege können diese Einordnung nicht treffen.
Zu den Kosten für ein Baudenkmal, die nach den vorstehenden Grundsätzen auf ihre Einordnung hin zu untersuchen sind, zählen neben den reinen Baukosten auch die Kosten für den Anschluß an Ver- oder Entsorgungseinrichtungen, Architektenhonorare oder die Kosten der technischen Fachplanung. Nicht dazu gehört die eigene Arbeitsleistung.

Zu *»Anschaffungskosten«* gehören alle Aufwendungen, die mit dem Erwerb eines Baudenkmals wirtschaftlich zusammenhängen (z. B. Kaufpreis, Grunderwerbsteuer, Notargebühren). Um »Anschaffungskosten« handelt es sich aber auch, wenn ein renovierungsbedürftiges Baudenkmal erworben wird und unmittelbar im Anschluß an den Erwerb mit erheblichem Bauaufwand instandgesetzt und damit erst nutzungsfähig gemacht wird. In der Praxis überprüfen die Finanzämter die Frage, ob ein solcher »anschaffungsnaher« Aufwand vorliegt, in der Regel nur dann, wenn die Aufwendungen in den ersten drei Jahren nach Anschaffung des Gebäudes anfallen und 20 v. H. des auf die Gebäudesubstanz entfallenden Kaufpreisanteils übersteigen. Ist dies nicht der Fall, wird im allgemeinen vom »Erhaltungsaufwand« ausgegangen werden können.
Modernisierungs- oder Instandsetzungsarbeiten, die noch vom Veräußerer durchgeführt und deren Kosten dem Erwerber mit dem Kaufpreis in Rechnung gestellt werden, sind stets Anschaffungskosten des Erwerbers. Gleiches gilt grundsätzlich beim Erwerb eines modernisierungs- oder instandsetzungsbedürftigen Baudenkmals im Rahmen sog. »Modernisierungs- und Sanierungsmodelle«.

□ Nutzung des Baudenkmals

Für Art und Umfang des steuerwirksamen Abzugs von Aufwendungen kommt es ferner darauf an, ob das Baudenkmal zur Erzielung von steuerpflichtigen Einkünften im Sinne des Einkommensteuergesetzes eingesetzt wird. Dies ist immer dann der Fall, wenn das Baudenkmal auf der Grundlage steuerlich anzuerkennender Miet- oder Pachterträge entgeltlich überlassen oder im Rahmen einer beruflichen, gewerblichen oder land- und forstwirtschaftlichen Tätigkeit genutzt wird. Der Abzug von Erhaltungsaufwendungen und Abschreibungen vollzieht sich hier stets im Rahmen des Betriebsausgaben- oder Werbungskostenabzugs.
Anders verhält es sich hingegen bei Baudenkmälern, die zu eigenen Wohnzwecken des Eigentümers genutzt werden. Bis einschließlich des Jahres 1986 war der sog. »Nutzungswert« selbstgenutzten Wohneigentums im Rahmen der Einkünfte aus Vermietung und Verpachtung noch zu versteuern gewesen. Das vom Eigentümer bewohnte Baudenkmal galt steuerlich also als Einkunftsquelle mit der Konsequenz, daß Modernisierungs- oder

Kunst- und Kultur-geschichte	Architektur	Garten-architektur und Land-schafts-planung	Steinmetz-handwerk	Do-it-yourself	Antiqui-täten	Uhren	Maler-handwerk	Restau-rierung	Grafik/ Design

Über die neuen Bücher unseres Verlages unterrichten wir Sie gern laufend – kostenlos und unverbindlich – mit ausführlichen Prospekten und Informationen. Bitte kreuzen Sie die Verlagsgebiete an, die Sie besonders interessieren, und schicken Sie uns diese Karte in Druckbuchstaben ausgefüllt zurück. Bestellungen übergeben Sie bitte Ihrer Buchhandlung. Ihr VERLAG GEORG D.W. CALLWEY

Von der angekreuzten Zeitschrift erbitte ich ein kostenloses Probeheft (Bitte nur 1 Heft ankreuzen.):

☐ Baumeister. *Zeitschrift für Architektur*

☐ Garten + Landschaft. *Zeitschrift für Landschaftsarchitektur. Planung · Gestaltung · Entwicklung mit den Informationen des Bundes Deutscher Landschaftsarchitekten e. V.*

☐ Stein – *bauen, gestalten, erhalten*

☐ *Deutsche Malerzeitschrift* DIE MAPPE

☐ Restauro. *Zeitschrift für Kunsttechniken, Restaurierung und Museumsfragen. Mitteilungen der IADA*

☐ Alte Uhren *und moderne Zeitmessung*

☐ Metallbau

Allg. Hinweis									
KD-Klass.-Ziffer									

Vorname

Name

Beruf

Straße

PLZ Ort

Diese Karte entnahm ich dem Buch:

Ich wurde auf das Buch aufmerksam durch:

- ☐ Empfehlung meines Buchhändlers
- ☐ die Schaufensterauslage einer Buchhandlung
- ☐ eine Besprechung in Presse – Funk – Fernsehen
- ☐ Hinweis eines Bekannten
- ☐ einen Prospekt
- ☐ eine Anzeige in ____________
- ☐ Ich bekam das Buch als Geschenk

Mein Urteil über das Buch: ____________

____

Vorschläge für Neuerscheinungen: ____________

____

VERLAG CALLWEY · Streitfeldstraße 35
8000 München 80 · Tel. (089) 436005-0

Antwort

VERLAG
GEORG D. W. CALLWEY
Postfach 800409

D-8000 München 80

Instandsetzungsaufwendungen nach Maßgabe der für den Werbungskostenabzug geltenden Grundsätze abgezogen bzw. abgeschrieben werden konnten. Mit Wirkung ab 1. Januar 1987 wurde die Besteuerung selbstgenutzten Wohneigentums neu geregelt. Das wesentlichste Element der Neuerungen ist der Verzicht auf die steuerliche Erfassung des »Nutzungswertes«; das zu eigenen Wohnzwecken genutzte Baudenkmal ist daher jetzt keine Einkunftsquelle im Sinne des Einkommensteuergesetzes mehr. Grundsätzlich wirkt dieser Besteuerungsverzicht auch für »Altfälle«, also bereits vor dem Stichtag angeschafftes und eigengenutztes Wohneigentum in denkmalgeschützter Bausubstanz. In diesen Fällen läßt das Gesetz unter bestimmten Voraussetzungen die Nutzungswertbesteuerung gleichwohl weiter zu. Es würde den Rahmen dieser Abhandlung allerdings sprengen, die Übergangsregelung im einzelnen darzustellen. Im Zweifel erteilt das Finanzamt darüber Auskunft, ob und ggf. inwieweit von der fortgesetzten Nutzungswertbesteuerung Gebrauch gemacht werden kann.

Mit dem Wegfall der Nutzungswertbesteuerung wurde dem Werbungskostenabzug hinsichtlich angefallener Aufwendungen die Grundlage entzogen. Als Ausgleich hierfür hat der Gesetzgeber aber neue Abzugsmöglichkeiten geschaffen. Ferner ist sichergestellt, daß noch nicht voll ausgeschöpfte Steuervergünstigungen für vor dem 1. Januar 1987 durchgeführte Baumaßnahmen bis zum Ablauf des Begünstigungszeitraums weiter in Anspruch genommen werden können. Aus steuersystematischen Gründen erfolgt der Abzug nunmehr bei den Sonderausgaben.

Dient das Baudenkmal weder der Erzielung steuerpflichtiger Einkünfte noch eigenen Wohnzwecken, ist ein Abzug weder bei den Werbungskosten noch bei den Sonderausgaben zulässig. Von einer einkommensteuerlich irrelevanten Nutzung ist z. B. auszugehen, wenn ein Baudenkmal oder der Bestandteil eines »Ensembles«

– überhaupt nicht genutzt wird (z. B. eine Scheune oder ein Schuppen)
– einem Dritten unentgeltlich zur Nutzung überlassen wird
– im Rahmen einer Vermögensnutzung Verwendung findet, bei der die Absicht zur Erzielung eines positiven Gesamtergebnisses fehlt (»Liebhaberei«).

Sofern in diesen Fällen nicht durch entsprechende Nutzungsänderungen Abzugsmöglichkeiten geschaffen werden können, besteht unter gewissen Voraussetzungen die Möglichkeit, Aufwendungen bei den außergewöhnlichen Belastungen geltend zu machen.

Art und Umfang der steuerlichen Absetzung

Art und Umfang des steuerwirksamen Abzuges von Aufwendungen an denkmalgeschützter Gebäudesubstanz sind entscheidend von den Nutzungsverhältnissen geprägt. Hinsichtlich der steuerlichen Förderung muß daher zwischen den folgenden Ausgangsfällen unterschieden werden:

Das Baudenkmal oder ein Teil des »Ensembles« dient

– der Erzielung steuerlich relevanter Einkünfte
– eigenen Wohnzwecken des Eigentümers
– keiner der vorgenannten Nutzungsarten.

Natürlich sind auch »Mischfälle« denkbar, z. B. bei einem zum Teil vermieteten, im übrigen selbstbewohnten Baudenkmal. Hier ist es notwendig, das Gebäude entsprechend der tatsächlichen Nutzungsverhältnisse »aufzuspalten«. Für jeden dieser »selbständigen Gebäudeteile«, die einkommensteuerlich stets wie ein eigenes Gebäude behandelt werden, ist über Art und Umfang der steuerlichen Förderung gesondert zu entscheiden. Dies macht es erforderlich, auch die entstandenen Modernisierungs- oder Instandsetzungsaufwendungen den unterschiedlich genutzten Gebäudeteilen anteilig zuzuordnen. Sofern nicht eine konkrete Zuordnung (z. B. Sanierung einer bestimmten Wohneinheit) möglich ist, hat die Aufteilung stets nach dem Verhältnis der Nutzflächen zu erfolgen.

☐ Das vermietete bzw. beruflich, gewerblich oder land- und forstwirtschaftlich genutzte Baudenkmal

Modernisierungs- oder Instandsetzungsaufwendungen für ein zur Einkunftserzielung eingesetztes Baudenkmal können finanztechnisch als Betriebsausgaben oder Werbungskosten geltend gemacht werden. Handelt es sich bei den Baukosten um Erhaltungsaufwand, so ist dieser grundsätzlich im Jahr der tatsächlichen Zahlung in vollem Umfang abzuziehen. Unter bestimmten Voraussetzungen besteht aber auch die Möglichkeit, derartige Erhaltungsaufwendungen auf zwei bis fünf Jahre gleichmäßig zu verteilen. Soweit die Baumaßnahmen zu Anschaffungs- oder Herstellungskosten führen, kann der Abzug hingegen nicht sofort, sondern nur im Wege der Abschreibung, also verteilt auf den jeweils maßgebenden Abschreibungszeitraum, erfolgen.

☐☐ Erhöhte Absetzungen von Anschaffungs- oder Herstellungskosten nach § 7i EStG* (früher § 82 i EStDV)

Bei Gebäuden oder Gebäudeteilen, die als Baudenkmäler anerkannt oder Teil einer geschützten Gruppe von baulichen Anlagen (Ensemble) sind, können anstelle der normalen Gebäudeabschreibungen im Jahr des Abschlusses der Baumaßnahme und den neun folgenden Jahren jeweils bis zu 10 v. H. der begünstigten Baukosten abgeschrieben werden. Ohne Bedeutung ist grundsätzlich, ob das Gebäude zum Privatvermögen des Eigentümers oder zu einem beruflichen, gewerblichen oder land- und forstwirtschaftlichen Betriebsvermögen gehört.

Ausnahme: Erhöhte Abschreibungen nach § 7i EStG können nicht besonders berücksichtigt werden, wenn das Baudenkmal zu einem land- und forstwirtschaftlichen Betrieb gehört, dessen Gewinn nach Durchschnittssätzen (§ 13a EStG) ermittelt wird.

Die Besonderheit der Begünstigung nach § 7 i EStG besteht darin, daß die begünstigten Baukosten nicht auf die voraussichtliche Restnutzungsdauer des Gebäudes – meist mehrere Jahrzehnte – umgelegt werden müssen, sondern innerhalb eines 10jährigen Verteilungszeitraums in vollem Umfang abgeschrieben werden können. Die Inanspruchnahme der erhöhten Abschreibung ist von folgenden Voraussetzungen abhängig:

– *Erforderlichkeit der Aufwendungen*

Begünstigt sind die Kosten für Baumaßnahmen, die nach Art und Umfang zur Erhaltung des Gebäudes als Baudenkmal oder zu seiner »sinnvollen Nutzung« erforderlich sind. Entsprechendes gilt sinngemäß, wenn nur ein bestimmter Teil des Gebäudes als Baudenkmal anerkannt ist, z. B. nur das Kellergewölbe oder die Fassade. Regelmäßig erfolgen Aufwendungen dann zur »sinnvollen Nutzung«, wenn sich die Baumaßnahme am Zustand der schützenswerten Bausubstanz orientiert. Die gleichzeitige Anpassung des Baudenkmals an zeitgemäße Wohnverhältnisse ist dabei zulässig. Die schützenswerte Substanz des Baudenkmals muß aber auf Dauer gewährleistet sein. Sie darf durch die Baumaßnahme nicht gefährdet werden.

Einige Beispiele zur Verdeutlichung:

Nicht begünstigt:

– Umbau eines denkmalgeschützten Wohnhauses in ein Kaufhaus mit Grundrißänderung und Entkernung.
– Kompletter Neubau, der hinter einer stehengebliebenen (denkmalgeschützten) Fassade hochgezogen wird: generell muß die Altsubstanz dem Gebäude auch weiterhin das Gepräge geben.
– Luxussanierung eines Objektes.

* Einkommensteuergesetz

– Wiederaufbau eines abgerissenen Gebäudes, selbst wenn es nach historischem Vorbild wieder aufgebaut wird.

Begünstigt:
– Umbau eines Schlosses oder einer Burg zu Wohnzwecken bei Bewahrung der Denkmalsubstanz und der wesentlichen historischen Grundrisse.
– Wiederaufbau eines abgebauten Denkmals, das z. B. wegen Straßenbaumaßnahmen entfernt werden mußte und im Einvernehmen mit dem Landesamt für Denkmalpflege an anderer Stelle wieder aufgebaut wird, bei Bewahrung der Denkmalsubstanz und der historischen Grundrisse (Transferierung).
Bei einem in einem geschützten Ensemble befindlichen Gebäude, das nicht selbst Baudenkmal ist, beschränkt sich die Abschreibungsbegünstigung auf Aufwendungen, die nach Art und Umfang zur Erhaltung des äußeren Erscheinungsbilds des Ensembles erforderlich sind.

– *Abstimmung mit dem Landesamt für Denkmalpflege*
Rechtzeitig, also vor Beginn der Bauarbeiten, ist mit dem Landesamt für Denkmalpflege Kontakt aufzunehmen und zu klären, ob die Maßnahmen dem »Erhalt« oder der »sinnvollen Nutzung« des Denkmals dienen. Die Maßnahmen sind nur dann steuerrechtlich »privilegiert«, wenn sie im Sinn der Denkmalpflege und im Einvernehmen mit dem Landesamt für Denkmalpflege durchgeführt werden. Die Baugenehmigung ersetzt die Abstimmung zwischen Bauherrn und Landesamt für Denkmalpflege nicht. Dies gilt deshalb, weil die Baugenehmigung unter Umständen nicht oder nicht vollständig den denkmalpflegerischen Belangen Rechnung trägt.

– *Bescheinigungsverfahren*
Erhöhte Abschreibungen nach § 7 i EStG können beansprucht werden, wenn der Eigentümer die vorgenannten Voraussetzungen (Erforderlichkeit, vorherige Abstimmung) durch eine Bescheinigung des Landesamts für Denkmalpflege nachweisen kann. Sofern staatliche Zuschüsse der Denkmalpflege gewährt wurden, hat die Bescheinigung auch deren Höhe anzugeben. An die im Bescheinigungsverfahren zu treffenden Feststellungen sind die Finanzämter gebunden.
Die erhöhte Abschreibung kann nur derjenige in Anspruch nehmen, der die bescheinigten Baukosten getragen hat und das Baudenkmal zur Erzielung steuerpflichtiger Einkünfte nutzt. Bemessungsgrundlage für die erhöhten Abschreibungen sind die bescheinigten Anschaffungs- oder Herstellungskosten, die im Zuge der Modernisierungs- oder Instandsetzungsarbeiten aufgewendet wurden. Soweit es sich bei den Aufwendungen um Anschaffungskosten handelt, sind allerdings nur diejenigen Maßnahmen begünstigt, die vom Erwerber nach dem rechtswirksamen Abschluß des Kaufvertrages durchgeführt wurden. Die Vornahme erhöhter Abschreibungen nach § 7 i EStG ist daher ausgeschlossen, soweit dem Grunde nach begünstigte Baumaßnahmen noch vom Veräußerer vorgenommen und mit dem Kaufpreis in Rechnung gestellt wurden. Sogenannte »anschaffungsnahe Aufwendungen« berechtigen hingegen im allgemeinen den Erwerber zur Inanspruchnahme der Abschreibungsvergünstigung.
Erhält der Eigentümer eines Baudenkmals für die Durchführung kostenintensiver Baumaßnahmen – wie es häufig der Fall sein dürfte – einen Zuschuß aus öffentlichen Mitteln, so kann er die erhöhten Abschreibungen grundsätzlich nur für die Baukosten beanspruchen, die er selbst getragen hat. Zur Bemessung der erhöhten Abschreibungen räumt Abschnitt 163 Abs. 1 der Einkommensteuerrichtlinien (EStR) dem Verfügungsberechtigten insoweit jedoch ein Wahlrecht ein. Dieser kann entscheiden, ob er:
– die erhaltenen Fördermittel im Kalenderjahr des Zuflusses den Einnahmen aus Ver-

mietung und Verpachtung zurechnen will; Bemessungsgrundlage für die Abschreibungen bleiben in diesem Fall die ungeminderten Anschaffungs- oder Herstellungskosten der geförderten Gebäudesubstanz, oder
– die um die erhaltenen Fördermittel verminderten Anschaffungs- oder Herstellungskosten als Bemessungsgrundlage für die Abschreibung ansetzen will.

Eine Doppelbegünstigung durch direkte Förderung und gleichzeitig indirekte steuerliche Vorteile wird hierdurch vermieden.

Beispiel:
Der Eigentümer eines Baudenkmals führt an seinem Objekt Restaurierungsarbeiten durch, die Aufwendungen von DM 50 000 verursachen. Von der Denkmalschutzbehörde erhält er einen Zuschuß von DM 10 000.

Möglichkeit 1:
Der Steuerpflichtige zieht den erhaltenen Zuschuß von den Herstellungskosten ab (DM 50 000 – DM 10 000) und macht die erhöhte Abschreibung mit jährlich 10% von DM 40 000 = DM 4000 geltend.

Möglichkeit 2:
Der Steuerpflichtige versteuert den erhaltenen Zuschuß in Höhe von DM 10 000 als Einnahme und macht die erhöhte Abschreibung von den ungekürzten Herstellungskosten von DM 50 000 geltend = jährlich DM 5000.

Von der zweiten Möglichkeit wird man zweckmäßigerweise dann Gebrauch machen, wenn im Jahr der Zuschußvereinnahmung wegen geringer anderer Einkünfte nur eine geringe Steuer auf den Zuschuß anfällt und die Steuerersparnis in den folgenden Jahren höher ist als die Steuerbelastung durch die Zuschußversteuerung.

Die Entscheidung, welcher Weg gewählt werden soll, ist ein reines Rechenexempel und im Einzelfall unter Berücksichtigung der jeweiligen Einkommensverhältnisse des Hauseigentümers zu treffen.

Hat der Anspruchsberechtigte die erhöhten Abschreibungen während des Begünstigungszeitraums nicht voll ausgenutzt, so ist der Restwert (begünstigte Baukosten abzüglich vorgenommener Abschreibungen) stets den Anschaffungs- oder Herstellungskosten des Baudenkmals hinzuzurechnen. Die weiteren Abschreibungen sind danach einheitlich für das gesamte Gebäude nach dem im Einzelfall maßgebenden Abschreibungssatz zu bemessen. Anderes gilt jedoch, wenn das Objekt während des Begünstigungszeitraums verkauft wird. Hierbei kann die Abschreibungsvergünstigung nur zeitanteilig beansprucht werden. Auch der Erwerber ist nicht berechtigt, die noch vom Verkäufer begonnenen erhöhten Abschreibungen weiterzuführen.
Geht das Eigentum an einem denkmalgeschützten Gebäude während des zehnjährigen Begünstigungszeitraums dagegen *unentgeltlich* z. B. im Wege der Erbfolge oder durch Schenkung auf einen Rechtsnachfolger über, so kann dieser die noch vom Vorgänger begonnene Abschreibungsvergünstigung bis zu ihrem Ablauf fortsetzen (§ 11 d EStDV). An die vom Rechtsvorgänger maßgebenden Werte (Bemessungsgrundlage, Abschreibungszeitraum) bleibt der unentgeltliche Erwerber allerdings dabei gebunden.

□□ Sonderbehandlung von Erhaltungsaufwendungen nach § 11b EStG (früher § 82k EStDV):

Der Eigentümer eines denkmalgeschützten Gebäudes hat ferner die Möglichkeit, Erhaltungsaufwand auf zwei bis fünf Jahre gleichmäßig zu verteilen, statt ihn sofort in Abzug zu bringen, wie das bei nicht-denkmalgeschützten Gebäuden der Fall ist. Diese Verteilung empfiehlt sich immer dann, wenn die Steuerersparnis beim sofortigen Abzug niedriger ist als bei einer Verteilung auf mehrere Jahre, z. B., wenn sich wegen sonstiger hoher Aufwendungen der volle Erhaltungsaufwand in einem Jahr nicht mehr steuerlich auswirkt.

Die Verteilung kann aber grundsätzlich nur im Veranlagungsverfahren für das Jahr beantragt werden, in dem Erhaltungsaufwand geleistet wurde, und ist nur in gleichen Jahresbeträgen zulässig. Der auf ein bestimmtes Jahr des Verteilungszeitraums entfallende Anteil darf nicht in einem anderen Jahr nachgeholt werden.

Wird das Baudenkmal während des gewählten Verteilungszeitraums nicht mehr zur Erzielung steuerpflichtiger Einkünfte eingesetzt (z. B. bei Verkauf oder nach einem Nutzungswechsel), so kann die Verteilung nicht weiter beansprucht werden. Der noch nicht abgezogene Aufwand – der auch sofort und in vollem Umfang hätte abgezogen werden können – geht dadurch aber nicht verloren.

Grundsätzlich gilt: Der restliche Verteilungsbetrag ist in einer Summe in dem Jahr als Werbungskosten abzuziehen, in dem das Baudenkmal letztmals der Einkunftserzielung im Sinne des Einkommensteuergesetzes gedient hat. Wird das Eigentum hingegen unentgeltlich übertragen, so kann der Rechtsnachfolger die weitere Verteilung nach dem noch von seinem Rechtsvorgänger gewählten Verteilungszeitraum geltend machen.

Die Verteilung nach § 11 b EStG ist grundsätzlich an die gleichen Voraussetzungen wie die Vornahme erhöhter Abschreibungen nach § 7 i EStG geknüpft. Die dort gemachten Ausführungen gelten entsprechend. Begünstigt sind daher nur Aufwendungen für Baumaßnahmen,

– die erforderlich sind, das Gebäude als Baudenkmal zu erhalten oder es sinnvoll zu nutzen (bei Gebäuden, die für sich allein nicht die Voraussetzungen für ein Baudenkmal erfüllen, aber Teil eines geschützten Ensembles sind: die erforderlich sind, das schützenswerte äußere Erscheinungsbild des Ensembles zu erhalten),

– die in vorheriger Abstimmung mit dem Landesamt für Denkmalpflege durchgeführt worden sind und

– deren Begünstigung durch eine Bescheinigung des Landesamts nachgewiesen wurde.

□ Das zu eigenen Wohnzwecken genutzte Baudenkmal

Mit Ausnahme bestimmter, im Gesetz im einzelnen geregelter Altfälle unterliegt das zu eigenen Wohnzwecken genutzte Wohneigentum mit Wirkung ab 1987 nicht mehr der Einkommensbesteuerung. Mangels einer »Einkunftsquelle« können Modernisierungs- oder Instandsetzungskosten für ein selbstbewohntes Baudenkmal daher nicht mehr als Werbungskosten abgezogen werden. Um eine adäquate steuerliche Förderung aber auch in diesen Fällen sicherzustellen, hat der Gesetzgeber besondere Abzugsmöglichkeiten geschaffen. Die zunächst befristeten Steuervergünstigungen, die steuertechnisch in den Bereich der Sonderausgaben verlagert wurden, sind mittlerweile als Dauerregelung in das Einkommensteuergesetz übernommen und sogar noch weiter ausgedehnt worden. Dem Eigentümer selbstgenutzter Baudenkmäler stehen damit im wesentlichen die gleichen steuerlichen Abzugsmöglichkeiten zu wie bei Baudenkmälern, bei denen Einkünfte erzielt werden.

□□ Abzug nach § 10 f Abs. 1 EStG (früher § 52 Abs. 21 Satz 6 EStG)

Modernisierungs- oder Instandsetzungsmaßnahmen an zu eigenen Wohnzwecken genutzten Baudenkmälern, die *nach dem 31. 12. 1986 durchgeführt* werden und zu Anschaffungs- oder Herstellungskosten führen, sind durch die Gewährung von bestimmten Abzugsbeträgen begünstigt. Die im Sonderausgabenbereich angesiedelte Steuervergünstigung ist mit den erhöhten Abschreibungen nach § 7 i EStG nahezu identisch. Wie im Einkunftsbereich können also im Jahr des Abschlusses der Baumaßnahme und in den darauffolgenden neun Jahren jeweils bis zu 10 v. H. der Baukosten steuerwirksam abgezogen werden. Es gelten im wesentlichen dieselben Anspruchsvoraussetzungen (Erforderlichkeit, vorherige Abstimmung, Bescheinigungsverfahren, s. o.).

Folgende Besonderheiten sind allerdings zu beachten:

– *Nutzung zu »eigenen« Wohnzwecken*
Eine Nutzung zu »eigenen« Wohnzwecken ist nur gegeben, wenn der Eigentümer in der jeweiligen Wohneinheit selbst einen Haushalt führt. Leerstehende Wohnungen oder möblierte Wohnungen, die zwar zu Wohnzwekken bereitgehalten, aber tatsächlich nicht bewohnt werden, dienen nicht »eigenen« Wohnzwecken und berechtigen daher auch nicht zur Vornahme von steuermindernden Abzügen. Ein begünstigtes Objekt liegt auch dann vor, wenn lediglich Teile einer ansonsten selbst bewohnten Wohnung unentgeltlich z. B. an Angehörige überlassen werden. Erstreckt sich die unentgeltliche Gebrauchsüberlassung hingegen auf eine Wohneinheit in ihrer Gesamtheit, kann von »eigenen« Wohnzwecken keine Rede mehr sein.

– *Anspruchsberechtigung*
Abzugsbeträge nach § 10 f Abs. 2 EStG können nur vom bürgerlich-rechtlichen oder wirtschaftlichen Eigentümer beansprucht werden, der die Anschaffungs- oder Herstellungskosten getragen hat. Eine dingliche oder schuldrechtliche Nutzungsberechtigung allein berechtigt hingegen noch nicht zur Vornahme der Steuervergünstigung. Die bürgerlich-rechtliche Eigentümerstellung kann jedoch durch die Ausführung von Herstellungsarbeiten in Ausübung eines dinglichen Rechts (z. B. eines Nießbrauchrechts) erlangt werden.

– *Objektbeschränkung:*
Abzugsbeträge nach § 10 f Abs. 1 EStG können nicht beliebig oft, sondern nur für *ein* Baudenkmal abgeschöpft werden (Objektbeschränkung). Ehegatten, die die Voraussetzungen für eine Zusammenveranlagung zur Einkommensteuer erfüllen, steht die Steuerbegünstigung für insgesamt zwei Objekte zu. Auf die bürgerlich-rechtlichen Eigentumsverhältnisse kommt es dabei nicht an. Wie bei den Abzugsbeträgen nach § 10 e EStG, der sog. »Grundförderung«, führt in Miteigentumsfällen ansonsten die Vornahme von Abzugsbeträgen bei einem Anteil an einem Baudenkmal zum Verbrauch eines Objekts. Erwirbt ein Miteigentümer, der bereits Abzugsbeträge nach § 10 f EStG beansprucht hat, einen weiteren Eigentumsanteil am selben Gebäude hinzu, können – wenn die übrigen Voraussetzungen vorliegen – Abzugsbeträge für danach durchgeführte Maßnahmen jedoch auch für den hinzu erworbenen Anteil geltend gemacht werden. Im übrigen gelten für die Objektbeschränkung die zu § 10 e EStG ergangenen Regelungen entsprechend. Eine Anrechnung von § 10 e- oder § 7 b-Objekten auf die Objektbeschränkung nach § 10 f EStG erfolgt aber nicht, das heißt, die Abschreibung für ein Baudenkmal nach § 10 f EStG ist möglich, auch wenn der Abschreibungsberechtigte bereits einmal eine Abschreibung für ein Gebäude gemäß § 10 e oder § 7 b EStG vorgenommen hat.

– *Behandlung von Zuschüssen aus öffentlichen Mitteln:*
Erhält der Eigentümer zur Durchführung von Modernisierungs- oder Instandsetzungsmaßnahmen einen Zuschuß aus öffentlichen Mitteln, so bilden stets die um die erhaltenen Fördermittel gekürzten Baukosten die Bemessungsgrundlage für die Abzugsbeträge. Ein Wahlrecht, wie es Abschnitt 163 der Einkommensteuerrichtlinien (EStR) für den Bereich der Abschreibungen bei nicht-selbstgenutzten Baudenkmälern einräumt, besteht aus steuersystematischen Gründen bei selbstgenutzten Baudenkmälern nicht.

– *Kumulationsverbot*
Abzugsbeträge nach § 10 f Abs. 1 EStG können auch mit der »Grundförderung« des § 10 e EStG zusammentreffen. Der Eigentümer kann die Abzugsbeträge allerdings nur soweit

beanspruchen, als er die Anschaffungs- oder Herstellungskosten eines Baudenkmals nicht gleichzeitig in die Bemessungsgrundlage der »Grundförderung« einbezogen hat. Eine Doppelbegünstigung ist damit also ausgeschlossen.
Grundsätzlich gilt: Die Vornahme von Abzugsbeträgen nach § 10 f Abs. 1 EStG ermöglicht dem Eigentümer über den 10jährigen Abzugszeitraum die volle Absetzung der Modernisierungs- oder Instandsetzungskosten. Die Wahl dieser Abzugsmethode wird daher regelmäßig zu steuerlich günstigen Ergebnissen führen.

– *»Kleine Übergangsregelung« nach § 52 Abs. 21 Satz 4 EStG*
Der Wegfall der Nutzungswertbesteuerung ab 1987 wirkt grundsätzlich auch für bereits zuvor angeschafftes oder hergestelltes Wohneigentum. In vielen Fällen war aber zu Beginn des Besteuerungsjahres 1987 der Begünstigungszeitraum für erhöhte Abschreibungen nach § 82 i EStDV (jetzt: § 7 i EStG) noch nicht abgelaufen. Hier eröffnet die – allgemein auch als »kleine Übergangsregelung« bezeichnete – Anwendungsbestimmung des § 52 Abs. 21 Satz 4 EStG dem selbstnutzenden Eigentümer denkmalgeschützter Bausubstanz die Möglichkeit, die erhöhten Abschreibungen bis zum Ablauf des 10jährigen Abschreibungszeitraums als Sonderausgaben geltend zu machen. Für den Anspruchsberechtigten bedeutet dies also keinen Unterschied in der Höhe der Steuervergünstigung.
Wie bei den erhöhten Abschreibungen endet die Abzugsberechtigung grundsätzlich, wenn das begünstigte Objekt während des 10jährigen Abzugszeitraums veräußert oder einer steuerlich irrelevanten Nutzung zugeführt wird. Ein Erwerber kann die noch vom Rechtsvorgänger begonnenen Abzugsbeträge nur dann fortsetzen, wenn das Eigentum im Wege der Erbfolge übergegangen ist; ein unentgeltlicher Erwerb in anderen Fällen (z. B. Schenkung, vorweggenommene Erbfolge) berechtigt dagegen nicht zur Fortführung der Steuervergünstigung. Andererseits kann die Abzugsberechtigung nach § 10f Abs. 1 EStG erst später begründet werden. Wird ein zunächst vermietetes Baudenkmal, bei dem erhöhte Abschreibungen nach § 7i EStG vorgenommen wurden, während des Abschreibungszeitraums eigenen Wohnzwekken zugeführt, stehen dem Eigentümer für die restliche Dauer des 10-Jahres-Zeitraums die Abzugsbeträge zu. Die Vorschrift des § 10f Abs. 1 EStG dient insoweit als »Auffangregelung«.

□□ Sonderbehandlung von Erhaltungsaufwendungen nach § 10 f Abs. 2 EStG
Führt eine Maßnahme an einem zu eigenen Wohnzwecken genutzten Baudenkmal im Sinn des § 10 f Abs. 1 EStG – wie es häufig der Fall sein dürfte – zu Erhaltungsaufwand, kann der Eigentümer im Jahr des Abschlusses der Bauarbeiten und den neun folgenden Jahren ebenfalls bis zu 10 v. H. wie Sonderausgaben abziehen. Hier gelten dieselben Abzugsvoraussetzungen wie bei § 10 f Abs. 1 EStG. Diese neue Vergünstigung ist erstmals auf Modernisierungs- und Instandsetzungsmaßnahmen anzuwenden, die nach dem 31. 12. 1989 abgeschlossen wurden.
Die Abzugsbeträge nach § 10 f Abs. 1 EStG und die Sonderbehandlung nach Absatz 2 der Vorschrift bilden auch hinsichtlich der Objektbeschränkung eine Einheit. Die für die Vornahme von Abzugsbeträgen gemachten Ausführungen gelten dementsprechend auch für die Verteilung von Erhaltungsaufwand.

Wird das Baudenkmal während des 10jährigen Verteilungszeitraums zur Einkunftserzielung genutzt, kann der noch nicht berücksichtigte Teil des Erhaltungsaufwands im Jahre der Nutzungsänderung in vollem Umfang abgezogen werden. Beim Verkauf des Grundstücks geht der restliche Verteilungsbetrag hingegen verloren. Wie bei den Abzugsbeträgen nach § 10 f Abs. 1 EStG ist aber ein Erbe berechtigt, die noch vom Erblasser begonnene Verteilung bis zum Ende des Verteilungszeitraums fortzusetzen.

Modernisierungs- und Instandsetzungsarbeiten, die
– *vor Beginn* der erstmaligen Nutzung zu eigenen Wohnzwecken durchgeführt werden,
– unmittelbar mit der Anschaffung des Baudenkmals zusammenhängen,
– nicht zu Anschaffungs- und Herstellungskosten führen und
– im Falle der Vermietung zum sofortigen Abzug als Werbungskosten berechtigen würden,
können unter den Voraussetzungen des § 10 e Abs. 6 EStG im Jahre ihrer Zahlung in vollem Umfang wie Sonderausgaben abgezogen werden. Eines besonderen Bescheinigungsverfahrens bedarf es insoweit nicht. Es gilt aber auch hier: Der »Vorkostenabzug« nach § 10 e Abs. 6 EStG und die Verteilung nach § 10 f Abs. 2 können nicht kumulativ für die selben Baukosten beansprucht werden.

□ Ungenutztes Baudenkmal bzw. sonstiger Abzug

Kosten für Modernisierungs- oder Instandsetzungsmaßnahmen an Baudenkmälern, die weder zum Abzug als Werbekosten oder Betriebsausgaben berechtigen noch wie Sonderausgaben abgezogen werden, können unter bestimmten Voraussetzungen derzeit noch als außergewöhnliche Belastung nach § 33 EStG geltend gemacht werden. Der steuerwirksame Abzug im Rahmen des § 33 EStG ist in jüngerer Zeit aus rechtlichen Gründen vermehrt auf Kritik gestoßen. Es ist daher noch nicht abzusehen, ob diese Auffangregelung auf Dauer Bestand haben wird.

Ein Abzug von Aufwendungen als Werbungskosten, Betriebsausgaben oder Sonderausgaben scheidet z. B aus, wenn das Baudenkmal
– nicht genutzt wird (z. B. ein Wachturm, eine Kapelle oder eine Burgruine)
– unentgeltlich einem anderen zur Nutzung überlassen wird
– zwar zu eigenen Wohnzwecken genutzt wird, der Eigentümer von den im Sonderausgabenbereich angesiedelten Steuervergünstigungen nach §§ 10 e und 10 f EStG aber keinen Gebrauch machen kann (z. B. infolge Objektverbrauchs) oder will.

Nach den noch geltenden Regelungen ist der Abzug nach § 33 EStG von folgenden Voraussetzungen abhängig:
– Die Erhaltung des Gebäudes muß wegen seiner Bedeutung für Kunst, Geschichte oder Wissenschaft im öffentlichen Interesse liegen.
– Das Gebäude muß in einem den Verhältnissen entsprechenden Umfang der Forschung oder der Volksbildung nutzbar gemacht werden, es sei denn, daß dies aus zwingenden Gründen nicht möglich ist.
– Der Eigentümer muß bereit sein, das Gebäude den geltenden Bestimmungen des Denkmalschutzes zu unterstellen.
– Durch eine Bestätigung der zuständigen Behörde muß nachgewiesen werden, daß das Baudenkmal dem Denkmalschutz unterliegt.
– Die Aufwendungen müssen zur Erstattung des Baudenkmals notwendig sein.
– Die Aufwendungen müssen im Einvernehmen mit den zuständigen staatlichen Stellen gemacht werden. In Bayern ist hierfür das Bayerische Landesamt für Denkmalpflege zuständig.
– Der Nachweis der vorstehenden Voraussetzungen ist durch eine gutachtliche Bestätigung des Landesamtes für Denkmalpflege zu führen.
Für den Abzug von Aufwendungen als außergewöhnliche Belastung spielen ferner die Einkommens- und Familienverhältnisse des Eigentümers eine Rolle. Ein nach Maßgabe der Leistungsfähigkeit gestaffelter Prozentsatz von 1 bis zu 7 v. H. wird als sogenannte »zumutbare (Eigen-)Belastung« von den Aufwendungen abgezogen. Steuermindernd kann also nur der verbleibende Betrag eingestellt werden.

Führt die Anwendung des § 33 EStG wegen der Anrechnung der »zumutbaren (Eigen-) Belastung« nicht zu einer angemessenen Steuerentlastung, kann den sich im Einzelfall ergebenden Härten ggf. im Billigkeitsweg abgeholfen werden, indem der »Eigenanteil« entsprechend herabgesetzt wird. Die Entscheidung über diese Billigkeitsmaßnahme ist zur Gewährleistung einer möglichst einheitlichen Handhabung in Bayern den Oberfinanzdirektionen übertragen worden.

Nach der dort praktizierten Verwaltungsübung ist von einer »angemessenen« Steuerentlastung im allgemeinen dann auszugehen, wenn der nach Maßgabe des § 33 EStG zulässige Abzug eine effektive Steuerermäßigung von einem Drittel der Aufwendungen für die Erhaltung des Baudenkmals bewirkt. Die Herabsetzung der »zumutbaren (Eigen-) Belastung« reicht demzufolge nur insoweit, als die angemessene Steuerentlastung nicht überschritten wird.

Einheitsbewertung, Vermögen- und Grundsteuer

Einheitsbewertung

Bei der Einheitsbewertung kann die Denkmaleigenschaft eines Gebäudes zu einem niedrigeren Einheitswert führen. Dies ist dann der Fall, wenn das Grundstück wegen eingeschränkter wirtschaftlicher Verwendbarkeit für den Eigentümer einen Minderwert gegenüber vergleichbaren anderen, nicht denkmalgeschützten Grundstücken hat. In der Regel wird bei einem Grundstück, auf dem sich ein Baudenkmal befindet, ein 5%iger Abschlag gewährt. Wenn glaubhaft gemacht wird, daß erhebliche Erhaltungsaufwendungen erbracht wurden, kann dieser Abschlag auf 10% erhöht werden. Zuständig ist das Finanzamt.

Vermögensteuer

Bei der Vermögensteuer werden für Baudenkmäler und andere Kunstgegenstände Ermäßigungen gewährt (Art. 109, Bewertungsgesetz). Baudenkmäler werden mit dem ggf. ermäßigten Einheitswert angesetzt. Darüber hinaus werden Denkmäler nur mit 40% ihres Wertes angesetzt, wenn ihre Erhaltung wegen ihrer Bedeutung für Kunst, Geschichte oder Wissenschaft im öffentlichen Interesse liegt und die jährlichen Kosten in der Regel die erzielten Einnahmen übersteigen.
Denkmäler bleiben ganz steuerfrei, wenn
– ihre Erhaltung wegen ihrer Bedeutung für Kunst, Geschichte oder Wissenschaft im öffentlichen Interesse liegt;
– die Gegenstände in einem den Verhältnissen entsprechenden Umfang den Zwecken der Forschung, der Allgemeinheit, mindestens aber den interessierten Kreisen ohne weiteres zugänglich sind und dies allgemein erkennbar ist;
– der Eigentümer bereit ist, die Gegenstände den geltenden Bestimmungen des Denkmalschutzes zu unterwerfen und

– die beweglichen Gegenstände, soweit sie älter als 30 Jahre sind, sich seit mindestens 20 Jahren im Besitz der Familie befinden oder in das Verzeichnis national wertvollen Kulturguts oder national wertvoller Archive nach dem Gesetz zum Schutz deutschen Kulturgutes gegen Abwanderung ins Ausland eingetragen sind; zuständig für die Eintragung ist das Staatsministerium für Wissenschaft und Kunst.

Auch für die volle Befreiung müssen die jährlichen Kosten in der Regel die erzielten Einnahmen übersteigen.

Instandhaltungspflichten aufgrund der Denkmalschutzgesetze können bei der Vermögenssteuer pauschal als Schuld (Überlast aus dem Denkmalschutz) abgezogen werden. Die Finanzverwaltung hat für die Berechnung der Überlast vereinfachte Pauschalregelungen für Schlösser und Burgen herausgegeben. Für andere Baudenkmäler ist die Überlast im Einzelfall anhand der langjährigen Erfahrungswerte zu ermitteln. Für diese Fragen ist das Finanzamt zuständig.

Grundsteuer

Die Grundsteuer ist in vollem Umfang zu erlassen für Grundbesitz oder für Teile von Grundbesitz, dessen Erhaltung wegen seiner Bedeutung für Kunst, Geschichte, Wissenschaft oder Naturschutz im öffentlichen Interesse liegt, wenn der jährlich erzielte Rohertrag (Einnahmen und sonstige Vorteile) in der Regel unter den Kosten liegt.

Ein Teil der Grundsteuer ist zu erlassen, wenn der Rohertrag für Grundbesitz, in dessen Gebäude Gegenstände von wissenschaftlicher, künstlerischer oder geschichtlicher Bedeutung dem Zweck der Forschung oder Volksbildung nutzbar gemacht sind, nachhaltig gemindert ist. Die Höhe des Erlasses richtet sich nach dem Hundertsatz, um den der Rohertrag gemindert ist. Maßgebliche Vorschrift ist § 32 Grundsteuergesetz.

Es muß ein besonderes öffentliches Interesse für den Grundsteuererlaß sprechen, d. h., es müssen zur Unrentierlichkeit führende Nutzungsbeschränkungen gegeben sein, die über das hinausgehen, was Grundstückseigentümern von der Rechtsordnung allgemein zugemutet wird. Zuständig für den Erlaß der Grundsteuer ist die Gemeinde, in der das Denkmal liegt.

Erbschaft- und Schenkungsteuer

Kulturdenkmäler sind unter bestimmten Voraussetzungen teilweise oder in vollem Umfang von der Erbschaftssteuer und Schenkungssteuer befreit (§ 13 Abs. 1 Nr. 2 Erbschaftssteuergesetz).

Eine 60%ige Steuerbefreiung wird gewährt für Grundbesitz oder Teile von Grundbesitz, Kunstgegenstände, Kunstsammlungen, wissenschaftliche Sammlungen, Bibliotheken, Archive,

- wenn die Erhaltung dieser Gegenstände wegen ihrer Bedeutung für Kunst, Geschichte oder Wissenschaft im öffentlichen Interesse liegt;
- wenn die jährlichen Kosten in der Regel die erzielten Einnahmen übersteigen;
- wenn die Gegenstände in einem den Verhältnissen entsprechenden Umfang den Zwecken der Forschung oder Volksbildung nutzbar gemacht sind oder werden.

Eine völlige Steuerbefreiung wird gewährt, wenn ferner

- der Eigentümer bereit ist, die Gegenstände den geltenden Bestimmungen der Denkmalpflege zu unterwerfen;
- die beweglichen Gegenstände sich seit mindestens 20 Jahren im Besitz der Familie befinden oder die Gegenstände in dem Verzeichnis national wertvollen Kulturgutes oder national wertvoller Archive eingetragen sind.

Die Steuerbefreiung fällt aber mit Wirkung für die Vergangenheit weg, wenn die Gegenstände innerhalb von 10 Jahren nach dem Erwerb veräußert werden oder die oben genannten Voraussetzungen für die Steuerbefreiung innerhalb dieses Zeitraumes entfallen.

Umsatzsteuer

Die Vermietung oder Verpachtung von Grundstücken oder Grundstücksteilen ist – auch wenn sie Denkmäler darstellen – in der Regel gem. § 4 Nr. 12 a UStG von der Umsatzsteuer befreit. Der Unternehmer kann aber unter bestimmten Voraussetzungen (u. a. muß der Umsatz an einen anderen Unternehmer für dessen Unternehmen erfolgen) nach § 9 UStG auf die Steuerbefreiung verzichten. Er kann dann die mit diesen Umsätzen wirtschaftlich zusammenhängenden Vorsteuern abziehen. Der Verzicht auf die Steuerbefreiung ist immer dann interessant, wenn die abziehbaren Vorsteuern höher sind als die zu erwartende Umsatzsteuerbelastung aus den Einnahmen.

Sonstige Hilfen für Denkmaleigentümer

Neben der hier aufgeführten direkten und indirekten Förderung gibt es noch einige andere »Quellen«, aus denen Mittel fließen, die für Denkmäler eingesetzt werden können:

Die Modernisierung von Altbauwohnungen in Baudenkmälern wird nach dem Bayerischen Modernisierungsprogramm bevorzugt gefördert. Auskünfte erteilen die Landratsämter, kreisfreien Städte und Großen Kreisstädte.

Nach dem Städtebauförderungsprogramm werden ebenfalls denkmalpflegerische Maßnahmen unterstützt. Voraussetzung: Das Vorhaben muß in ein Städtebauförderungsprogramm aufgenommen sein. Auskünfte erteilen die Gemeinden und die Regierungen.

Mittel für den sozialen Wohnungsbau in Denkmälern stehen nach dem Zweiten Wohnungsbaugesetz für die Finanzierung von Um- oder Ausbauten zur Verfügung. Nähere Informationen geben die Landratsämter, die kreisfreien Städte und die Großen Kreisstädte.

Im Rahmen von Dorferneuerungsprogrammen werden Mittel für die Sanierung und Erhaltung von Baudenkmälern und Ensembles in Dörfern und von Denkmälern außerhalb der Ortschaften (Bildstöcke, Marterln) sowie zur Sicherung von Bodendenkmälern bereitgestellt. Nicht selten werden im Rahmen von Flurbereinigungsmaßnahmen Fördermittel für die Erhaltung von Baudenkmälern eingesetzt. Auskünfte darüber erteilen die Ämter für Landwirtschaft und die zuständigen Flurbereinigungsdirektionen.

Aus dem Programm »Freizeit und Erholung« können Mittel für die Erschließung und Sicherung von Bodendenkmälern, Burgruinen usw. zur Verfügung gestellt werden. Auskünfte dazu geben die Kreisverwaltungsbehörden und die Regierungen.

Auch die Gemeinden, Landkreise und Bezirke beteiligen sich neben dem Staat im Rahmen ihrer (finanziellen) Leistungsfähigkeit an Aufwendungen der Denkmalpflege. Art und Höhe der Förderung bleiben der freien Entscheidung der jeweiligen Gebietskörperschaft überlassen. Dabei spielen Gesichtspunkte wie die Bedeutung und Dringlichkeit des Falls, die Finanzkraft des Denkmaleigentümers und natürlich letztlich die Höhe der bereitstehenden Haushaltsmittel die wichtigste Rolle. Ein Rechtsanspruch des Bürgers auf eine solche Förderung besteht nicht.

Öffentlich-rechtliche Bauherrn – also nicht Privatleute – können auch Zuschüsse für denkmalpflegerische Vorhaben bei der Bayerischen Landesstiftung beantragen, die ihren Sitz in München, Kardinal-Döpfner-Straße, hat.

Anhang

Gesetz zum Schutz und zur Pflege der Denkmäler (Denkmalschutzgesetz – DSchG)

I. Anwendungsbereich

Art. 1
Begriffsbestimmungen

(1) Denkmäler sind von Menschen geschaffene Sachen oder Teile davon aus vergangener Zeit, deren Erhaltung wegen ihrer geschichtlichen, künstlerischen, städtebaulichen, wissenschaftlichen oder volkskundlichen Bedeutung im Interesse der Allgemeinheit liegt.
(2) [1]Baudenkmäler sind bauliche Anlagen oder Teile davon aus vergangener Zeit, soweit sie nicht unter Absatz 4 fallen, einschließlich dafür bestimmter historischer Ausstattungsstücke und mit der in Absatz 1 bezeichneten Bedeutung. [2]Gartenanlagen, die die Voraussetzungen des Absatzes 1 erfüllen, gelten als Baudenkmäler.
(3) Zu den Baudenkmälern kann auch eine Mehrheit von baulichen Anlagen (Ensemble) gehören, und zwar auch dann, wenn nicht jede einzelne dazugehörige bauliche Anlage die Voraussetzungen des Absatzes 1 erfüllt, das Orts-, Platz- oder Straßenbild aber insgesamt erhaltenswürdig ist.
(4) Bodendenkmäler sind bewegliche und unbewegliche Denkmäler, die sich im Boden befinden oder befanden und in der Regel aus vor- oder frühgeschichtlicher Zeit stammen.

Art. 2
Denkmalliste

(1) [1]Die Baudenkmäler und die Bodendenkmäler sollen nachrichtlich in ein Verzeichnis (Denkmalliste) aufgenommen werden. [2]Die Eintragung erfolgt durch das Landesamt für Denkmalpflege von Amts wegen im Benehmen mit der Gemeinde. [3]Der Berechtigte und der zuständige Heimatpfleger können die Eintragung anregen. [4]Die Eintragung ist im Bebauungsplan kenntlich zu machen. [5]Die Liste kann von jedermann eingesehen werden.
(2) Auf Antrag des Berechtigten und in besonders wichtigen Fällen können bewegliche Denkmäler, soweit sie nicht nach Absatz 1 eingetragen sind, in das Verzeichnis eingetragen werden.

Art. 3
Geltung

(1) Die Schutzbestimmungen dieses Gesetzes gelten für Baudenkmäler, für Bodendenkmäler und für die eingetragenen beweglichen Denkmäler.
(2) Die Gemeinden nehmen bei ihrer Tätigkeit, vor allem im Rahmen der Bauleitplanung, auf die Belange des Denkmalschutzes und der Denkmalpflege, insbesondere auf die Erhaltung von Ensembles, angemessen Rücksicht.

II. Baudenkmäler

Art. 4
Erhaltung von Baudenkmälern

(1) [1]Die Eigentümer und die sonst dinglich Verfügungsberechtigten von Baudenkmälern haben ihre Baudenkmäler instandzuhalten, instandzusetzen, sachgemäß zu behandeln und vor Gefährdung zu schützen, soweit ihnen das zuzumuten ist. [2]Ist der Eigentümer oder der sonst dinglich Verfügungsberechtigte nicht der unmittelbare Besitzer, so gilt Satz 1 auch für den unmittelbaren Besitzer, soweit dieser die Möglichkeit hat, entsprechend zu verfahren.
(2) [1]Die in Absatz 1 genannten Personen können verpflichtet werden, bestimmte Erhaltungsmaßnahmen ganz oder zum Teil durchzuführen, soweit ihnen das insbesondere unter Berücksichtigung ihrer sonstigen Aufgaben und Verpflichtungen zumutbar ist; soweit sie die Maßnahmen nicht selbst durchzuführen haben, könne sie zur Duldung der Maßnahmen verpflichtet werden. [2]Entscheidungen, durch die der Bund oder die Länder verpflichtet werden sollen, bedürfen der vorherigen Zustimmung der Obersten Denkmalschutzbehörde.
(3) [1]Macht der Zustand eines Baudenkmals Maßnahmen zu seiner Instandhaltung, Instandsetzung oder zu seinem Schutz erforderlich, ohne daß eine vollstreckbare Entscheidung nach Absatz 2 vorliegt, so kann die zuständige Denkmalschutzbehörde die Maßnahmen durchführen oder durchführen lassen. [2]Die dinglich und obligatorisch Berechtigten können zur Duldung

der Maßnahmen verpflichtet werden. [3]Die Kosten der Maßnahmen tragen die in Absatz 1 genannten Personen, soweit sie nach Absatz 2 zur Durchführung der Maßnahmen verpflichtet wurden oder hätten verpflichtet werden können, im übrigen der Entschädigungsfonds (Art. 21 Abs. 2).

(4) Handlungen, die ein Baudenkmal schädigen oder gefährden, können untersagt werden.

Art. 5
Nutzung von Baudenkmälern

[1]Baudenkmäler sollen möglichst entsprechend ihrer ursprünglichen Zweckbestimmung genutzt werden. [2]Werden Baudenkmäler nicht mehr entsprechend ihrer ursprünglichen Zweckbestimmung genutzt, so sollen die Eigentümer und die sonst dinglich oder obligatorisch zur Nutzung Berechtigten eine der ursprünglichen gleiche oder gleichwertige Nutzung anstreben. [3]Soweit dies nicht möglich ist, soll eine Nutzung gewählt werden, die eine möglichst weitgehende Erhaltung der Substanz auf die Dauer gewährleistet. [4]Sind verschiedene Nutzungen möglich, so soll diejenige Nutzung gewählt werden, die das Baudenkmal und sein Zubehör am wenigsten beeinträchtigt. [5]Staat, Gemeinden und sonstige Körperschaften des öffentlichen Rechts sollen Eigentümer und Besitzer unterstützen. [6]Die Eigentümer und die sonst dinglich oder obligatorisch zur Nutzung Berechtigten können bei Vorliegen der Voraussetzungen des Art. 4 Abs. 2 verpflichtet werden, eine bestimmte Nutzungsart durchzuführen; soweit sie nicht zur Durchführung verpflichtet werden, können sie zur Duldung einer bestimmten Nutzungsart verpflichtet werden.

Art. 6
Veränderungsverbote

(1) [1]Wer
1. Baudenkmäler beseitigen, verändern oder an einen anderen Ort verbringen oder
2. geschützte Ausstattungsstücke beseitigen, verändern, an einen anderen Ort verbringen oder aus einem Baudenkmal entfernen

will, bedarf der Erlaubnis. [2]Der Erlaubnis bedarf auch, wer in der Nähe von Baudenkmälern Anlagen errichten, verändern oder beseitigen will, wenn sich dies auf Bestand oder Erscheinungsbild eines der Baudenkmäler auswirken kann.

(2) [1]Die Erlaubnis kann im Fall des Absatzes 1 Nrn. 1 und 2 versagt werden, soweit gewichtige Gründe des Denkmalschutzes für die unveränderte Beibehaltung des bisherigen Zustands sprechen. [2]Im Fall des Absatzes 1 Satz 2 kann die Erlaubnis versagt werden, soweit das Vorhaben zu einer Beeinträchtigung des Wesens, des überlieferten Erscheinungsbilds oder der künstlerischen Wirkung eines Baudenkmals führen würde und gewichtige Gründe des Denkmalschutzes für die unveränderte Beibehaltung des bisherigen Zustands sprechen.

(3) [1]Ist eine baurechtliche Genehmigung oder an ihrer Stelle eine baurechtliche Zustimmung erforderlich, so entfällt die Erlaubnis. [2]Die Baugenehmigung und die Zustimmung können versagt werden, wenn die in Absatz 2 aufgeführten Gründe für die unveränderte Beibehaltung des bisherigen Zustands sprechen.

(4) *(aufgehoben)*

III. Bodendenkmäler

Art. 7
Ausgraben von Bodendenkmälern

(1) [1]Wer auf einem Grundstück nach Bodendenkmälern graben oder zu einem anderen Zweck Erdarbeiten auf einem Grundstück vornehmen will, obwohl er weiß oder vermutet oder den Umständen nach annehmen muß, daß sich dort Bodendenkmäler befinden, bedarf der Erlaubnis. [2]Die Erlaubnis kann versagt werden, soweit dies zum Schutz eines Bodendenkmals erforderlich ist.

(2) [1]Die Bezirke können durch Verordnung bestimmte Grundstücke, in oder auf denen Bodendenkmäler zu vermuten sind, zu Grabungsschutzgebieten erklären. [2]In einem Grabungsschutzgebiet bedürfen alle Arbeiten, die Bodendenkmäler gefährden können, der Erlaubnis. [3]Art. 6 Abs. 2 Satz 2 und Abs. 3 gelten entsprechend. [4]Grabungsschutzgebiete sind im Flächennutzungsplan kenntlich zu machen.

(3) Absatz 1 und Absatz 2 Satz 2 gelten nicht für Grabungen, die vom Landesamt für Denkmalpflege oder unter seiner Mitwirkung vorgenommen oder veranlaßt werden.

(4) [1]Wer in der Nähe von Bodendenkmälern, die ganz oder zum Teil über der Erdoberfläche erkennbar sind, Anlagen errichten, verändern oder beseitigen will, bedarf der Erlaubnis, wenn sich dies auf Bestand oder Erscheinungsbild eines dieser Bodendenkmäler auswirken kann. [2]Art. 6 Abs. 2 Satz 2 und Abs. 3 gelten entsprechend.

(5) [1]Soll eine Grabung auf einem fremden Grundstück erfolgen, so kann der Eigentümer verpflichtet werden, die Grabung zuzulassen, wenn das Landesamt für Denkmalpflege festgestellt hat, daß ein besonderes öffentliches Interesse an der Grabung besteht. [2]Der Inhaber der Grabungsgenehmigung hat den dem Eigentümer entstehenden Schaden zu ersetzen.

Art. 8
Auffinden von Bodendenkmälern

(1) [1]Wer Bodendenkmäler auffindet, ist verpflichtet, dies unverzüglich der Unteren Denkmalschutzbehörde oder dem Landesamt für Denkmalpflege anzuzeigen. [2]Zur Anzeige verpflichtet sind auch der Eigentümer und der Besitzer des Grundstücks sowie der Unternehmer und der Leiter der Arbeiten, die zu dem

Fund geführt haben. [3]Die Anzeige eines der Verpflichteten befreit die übrigen. [4]Nimmt der Finder an den Arbeiten, die zu dem Fund geführt haben, auf Grund eines Arbeitsverhältnisses teil, so wird er durch Anzeige an den Unternehmer oder den Leiter der Arbeiten befreit.

(2) Die aufgefundenen Gegenstände und der Fundort sind bis zum Ablauf von einer Woche nach der Anzeige unverändert zu belassen, wenn nicht die Untere Denkmalschutzbehörde die Gegenstände vorher freigibt oder die Fortsetzung der Arbeiten gestattet.

(3) Die Absätze 1 und 2 gelten nicht bei Arbeiten, die vom Landesamt für Denkmalpflege oder unter seiner Mitwirkung vorgenommen oder veranlaßt werden.

(4) Eigentümer, dinglich Verfügungsberechtigte und unmittelbare Besitzer eines Grundstücks, auf dem Bodendenkmäler gefunden werden, können verpflichtet werden, die notwendigen Maßnahmen zur sachgemäßen Bergung des Fundgegenstands sowie zur Klärung der Fundumstände und zur Sicherung weiterer auf dem Grundstück vorhandener Bodendenkmäler zu dulden.

(5) Aufgefundene Gegenstände sind dem Landesamt für Denkmalpflege oder einer Denkmalschutzbehörde unverzüglich zur Aufbewahrung zu übergeben, wenn die Gefahr ihres Abhandenkommens besteht.

Art. 9
Auswertung von Funden

Der Eigentümer eines beweglichen Bodendenkmals, die dinglich Verfügungsberechtigten und die unmittelbaren Besitzer können verpflichtet werden, dieses dem Landesamt für Denkmalpflege befristet zur wissenschaftlichen Auswertung und Dokumentation zu überlassen.

IV. Eingetragene bewegliche Denkmäler

Art. 10
Erlaubnispflicht

(1) [1]Wer ein eingetragenes bewegliches Denkmal beseitigen, verändern oder an einen anderen Ort verbringen will, bedarf der Erlaubnis. [2]Die Erlaubnis kann versagt werden, soweit dies zum Schutz des Denkmals erforderlich ist.

(2) [1]Die Veräußerung eines eingetragenen beweglichen Denkmals ist dem Landesamt für Denkmalpflege unverzüglich anzuzeigen. [2]Zur Anzeige sind der Veräußerer und der Erwerber verpflichtet.

V. Verfahrensbestimmungen

Art. 11
Denkmalschutzbehörden

(1) [1]Untere Denkmalschutzbehörden sind die Kreisverwaltungsbehörden. [2]Soweit kreisangehörigen Gemeinden die Aufgaben der Unteren Bauaufsichtsbehörden übertragen sind oder übertragen werden, gilt diese Übertragung auch für die Aufgaben der Unteren Denkmalschutzbehörden. [3]Art. 115 Abs. 2 der Gemeindeordnung gilt entsprechend.

(2) Höhere Denkmalschutzbehörden sind die Regierungen.

(3) Oberste Denkmalschutzbehörde ist das Staatsministerium für Unterricht und Kultus.

(4) Soweit nichts anderes bestimmt ist, sind die Unteren Denkmalschutzbehörden für den Vollzug dieses Gesetzes zuständig.

(5) Die Aufgaben der Denkmalschutzbehörden sind Staatsaufgaben; für die Gemeinden sind sie übertragene Aufgaben.

Art. 12
Landesamt für Denkmalpflege

(1) [1]Das Landesamt für Denkmalpflege ist die staatliche Fachbehörde für alle Fragen des Denkmalschutzes und der Denkmalpflege. [2]Es ist dem Staatsministerium für Unterricht und Kultus unmittelbar nachgeordnet. [3]Bibliotheks- und Archivgut und Kunstsammlungen fallen nur dann in die Zuständigkeit des Landesamts für Denkmalpflege, wenn es sich um eingetragene bewegliche Denkmäler oder um Sammlungen der in Absatz 2 Nr. 7 genannten Art handelt.

(2) [1]Dem Landesamt für Denkmalpflege obliegen die Denkmalpflege und die Mitwirkung beim Denkmalschutz. [2]Die Denkmalpflege umfaßt auch die Erforschung der Denkmäler. [3]Insbesondere hat das Landesamt für Denkmalpflege folgende Aufgaben:

1. Mitwirkung beim Vollzug dieses Gesetzes und anderer einschlägiger Vorschriften nach Maßgabe der hierzu ergangenen und ergehenden Bestimmungen;
2. Herausgabe von Richtlinien zur Pflege der Denkmäler unter Beteiligung der kommunalen Spitzenverbände;
3. Erstellung und Fortführung der Inventare und der Denkmalliste;
4. Konservierung und Restaurierung von Denkmälern, soweit die Konservierung und die Restaurierung nicht von anderen dafür zuständigen staatlichen Stellen durchgeführt werden;
5. fachliche Beratung und Erstattung von Gutachten in allen Angelegenheiten des Denkmalschutzes und der Denkmalpflege;
6. Überwachung der Ausgrabungen sowie die Überwachung und Erfassung der anfallenden beweglichen Bodendenkmäler;
7. Fürsorge für Heimatmuseen und ähnliche Sammlungen, soweit diese nicht vom Staat verwaltet werden.

[4]Das Staatsministerium für Unterricht und Kultus kann dem Landesamt für Denkmalpflege weitere einschlägige Aufgaben zuweisen.

(3) Das Staatsministerium für Unterricht und Kultus kann denkmalpflegerische Aufgaben des Landesamts für Denkmalpflege im Einvernehmen mit den beteiligten Staatsministerien anderen staatlichen Stellen durch Rechtsverordnung übertragen.

(4) Die bisherigen Aufgaben der Bayerischen Verwaltung der staatlichen Schlösser, Gärten und Seen bleiben unberührt.

Art. 13
Heimatpfleger

(1) [1]Die Heimatpfleger beraten und unterstützen die Denkmalschutzbehörden und das Landesamt für Denkmalpflege in den Fragen der Denkmalpflege und des Denkmalschutzes. [2]Ihnen ist durch die Denkmalschutzbehörden in den ihren Aufgabenbereich betreffenden Fällen rechtzeitig Gelegenheit zur Äußerung zu geben.

(2) Die Denkmalschutzbehörden und das Landesamt für Denkmalpflege sollen sich in geeigneten Fällen der Unterstützung kommunaler Stellen sowie privater Initiativen bedienen.

Art. 14
Landesdenkmalrat

(1) [1]Der Landesdenkmalrat hat die Aufgabe, die Staatsregierung zu beraten und in wichtigen Fragen der Denkmalpflege mitzuwirken. [2]Soll eine Mehrheit von baulichen Anlagen (Ensemble) festgelegt werden, so ist der Landesdenkmalrat zu beteiligen . [3]Die Mitglieder des Denkmalrats werden vom Landtag bestellt, die Mitglieder nach Absatz 2 Buchst. b bis 1 auf Vorschlag der entsendenden Stelle. [4]Die Bestellung erfolgt für die Mitglieder nach Absatz 2 Buchst. a für die Dauer der Legislaturperiode, für die übrigen Mitglieder auf die Dauer von vier Jahren. [5]Sie sind ehrenamtlich tätig. [6]Sie wählen einen Vorsitzenden aus ihrer Mitte. [7]Die Staatsministerien für Unterricht und Kultus, des Innern (Oberste Baubehörde) und für Landesentwicklung und Umweltfragen sowie das Landesamt für Denkmalpflege sind zu allen Beratungen des Landesdenkmalrats einzuladen.

(2) Der Landesdenkmalrat besteht aus

a) sechs Abgeordneten des Landtags,
b) je einem Vertreter des Bayerischen Gemeindetags, des Bayerischen Städtetags und des Landkreisverbands Bayern,
c) einem Vertreter des Verbands der bayerischen Bezirke e. V.,
d) je zwei Vertretern der Katholischen Kirche und der Evangelisch-Lutherischen Landeskirche,
e) drei Vertretern der privaten Denkmaleigentümer,
f) einem Vertreter der Bayerischen Akademie der Schönen Künste,
g) je einem Vertreter der Architektenschaft und der Deutschen Akademie für Städtebau und Landesplanung, Landesgruppe Bayern,
h) einem Vertreter des Bayerischen Landesvereins für Heimatpflege,
i) einem Vertreter des Bayerischen Bauernverbands,
k) zwei vom Staatsministerium für Unterricht und Kultus vorzuschlagenden sachverständigen Persönlichkeiten aus dem Gebiet der Kunstgeschichte und der Vor- und Frühgeschichte,
l) bis zu fünf weiteren vom Staatsministerium für Unterricht und Kultus vorzuschlagenden Persönlichkeiten.

(3) Fraktionen des Landtags, auf die im Landesdenkmalrat kein Sitz gemäß Absatz 2 Buchst. a entfällt, erhalten zusätzlich einen Sitz.

(4) Zur Klärung einzelner Sachfragen kann der Landesdenkmalrat Sachverständige ohne Stimmrecht als nicht ständige Mitglieder berufen.

(5) Das Staatsministerium für Unterricht und Kultus wird ermächtigt, Regelungen über die Gliederung, die Einberufung und die Geschäftsführung des Landesdenkmalrats und die Berufung seiner Mitglieder sowie über die den Mitgliedern des Landesdenkmalrats zu gewährende Reisekostenvergütung durch Rechtsverordnung zu treffen.

Art. 15
Erlaubnisverfahren und Wiederherstellung

(1) [1]Der Antrag auf Erteilung einer Erlaubnis nach Art. 6, 7 und 10 Abs. 1 und auf Verpflichtung des Eigentümers nach Art. 7 Abs. 5 ist schriftlich bei der Gemeinde einzureichen, die ihn mit ihrer Stellungnahme unverzüglich der Unteren Denkmalschutzbehörde vorlegt. [2]Art. 81 und 82 der Bayerischen Bauordnung gelten in den Fällen der Art. 6, 7 und 8 Abs. 2 entsprechend.

(2) [1]Die Untere Denkmalschutzbehörde soll vor einer Entscheidung nach den Abschnitten II bis IV dieses Gesetzes das Landesamt für Denkmalpflege hören. [2]Will die Untere Denkmalschutzbehörde von einer Stellungnahme des Landesamts für Denkmalpflege abweichen, so hat sie die Weisung der Regierung einzuholen.

(3) Werden Handlungen nach Art. 6, 7, 8 Abs. 2 oder Art. 10 Abs. 1 ohne die erforderliche Erlaubnis oder Baugenehmigung durchgeführt, so kann die Untere Denkmalschutzbehörde verlangen, daß der ursprüngliche Zustand wieder hergestellt wird, soweit dies noch möglich ist, oder daß Bau- und Bodendenkmäler und eingetragene bewegliche Denkmäler auf andere Weise wieder instandgesetzt werden.

(4) Wer widerrechtlich Bau- oder Bodendenkmäler oder eingetragene bewegliche Denkmäler vorsätzlich oder grob fahrlässig zerstört oder beschädigt, ist unabhängig von der Verhängung einer Geldbuße zur Wiedergutmachung des von ihm angerichteten Schadens bis zu dessen vollem Umfang verpflichtet.

(5) Die zuständige Behörde kann die Entscheidung über einen Antrag auf Erlaubnis, Baugenehmigung oder baurechtliche Zustimmung auf höchstens zwei Jahre aussetzen, soweit dies zur Klärung der Belange des Denkmalschutzes, insbesondere für Untersuchungen des Baudenkmals und seiner Umgebung, erforderlich ist.

Art. 16
Betretungs- und Auskunftsrecht

(1) Die Denkmalschutzbehörden und das Landesamt für Denkmalpflege sind berechtigt, im Vollzug dieses Gesetzes Grundstücke auch gegen den Willen der Betroffenen zu betreten, soweit das zur Erhaltung eines Bau- oder Bodendenkmals oder eines eingetragenen beweglichen Denkmals dringend erforderlich erscheint.
(2) Eigentümer und Besitzer von Bau- und Bodendenkmälern und von eingetragenen beweglichen Denkmälern und sonstige Berechtigte sind verpflichtet, den Denkmalschutzbehörden und dem Landesamt für Denkmalpflege alle zum Vollzug dieses Gesetzes erforderlichen Auskünfte zu erteilen.

Art. 17
Kostenfreiheit

Für Amtshandlungen nach diesem Gesetz werden Kosten nicht erhoben.

VI. Enteignung

Art. 18
Zulässigkeit der Enteignung

(1) [1]Kann eine Gefahr für den Bestand oder die Gestalt eines Bau- oder Bodendenkmals oder eines eingetragenen beweglichen Denkmals auf andere Weise nicht nachhaltig abgewehrt werden, so ist die Enteignung zugunsten des Staates oder einer anderen juristischen Person des öffentlichen Rechts zulässig. [2]Zugunsten einer juristischen Person des Privatrechts ist die Enteignung dann zulässig, wenn die dauernde Erhaltung des Bau- oder Bodendenkmals oder des eingetragenen beweglichen Denkmals zu den satzungsmäßigen Aufgaben der juristischen Person gehört und bei Berücksichtigung aller Umstände gesichert erscheint.
(2) [1]Zugunsten des Staates ist die Enteignung außerdem zulässig bei beweglichen Bodendenkmälern, an deren Erhaltung für die Öffentlichkeit ein besonderes Interesse besteht. [2]Im Fall des Satzes 1 kann der Antrag nur gestellt werden, wenn dem Landesamt für Denkmalpflege im Zeitpunkt der Antragstellung die vollständige Bergung des Bodendenkmals nicht länger als ein Jahr bekannt war.
(3) bis (5) *(aufgehoben)*

Art. 19
Vorkaufsrecht

(1) [1]Dem Freistaat Bayern steht beim Kauf historischer Ausstattungsstücke, die nach Art. 1 Abs. 2 zusammen mit Baudenkmälern geschützt und in die Denkmalliste eingetragen sind, und beim Kauf von eingetragenen beweglichen Denkmälern ein Vorkaufsrecht zu. [2]Das Vorkaufsrecht darf nur ausgeübt werden, wenn das Wohl der Allgemeinheit dies rechtfertigt, insbesondere wenn die Ausstattungsstücke oder die eingetragenen beweglichen Denkmäler der Öffentlichkeit zugänglich gemacht oder in ihrer Gesamtheit erhalten werden sollen. [3]Das Vorkaufsrecht ist ausgeschlossen, wenn der Eigentümer Ausstattungsstücke oder eingetragene bewegliche Denkmäler an seinen Ehegatten oder an eine Person veräußert, die mit ihm in gerader Linie verwandt oder verschwägert oder in der Seitenlinie bis zum dritten Grad verwandt ist. [4]Das Vorkaufsrecht beim Kauf historischer Ausstattungsstücke ist ausgeschlossen, wenn diese mit dem Baudenkmal veräußert werden und in dem Baudenkmal verbleiben sollen.
(2) [1]Das Vorkaufsrecht kann nur binnen drei Monaten nach Mitteilung des Kaufvertrags an das Landesamt für Denkmalpflege durch das Landesamt für Denkmalpflege ausgeübt werden. [2]§§ 504 bis 509 Abs. 1, § 510 Abs. 1, § 512 des Bürgerlichen Gesetzbuchs sind anzuwenden. [3]Das Vorkaufsrecht ist nicht übertragbar. [4]Es geht unbeschadet bundesrechtlicher Vorschriften allen anderen Vorkaufsrechten im Rang vor. [5]Bei einem Eigentumserwerb auf Grund der Ausübung des Vorkaufsrechts erlöschen rechtsgeschäftliche Vorkaufsrechte.

Art. 20
Enteignende Maßnahmen

(1) [1]Soweit der Vollzug dieses Gesetzes eine über den Rahmen der Sozialgebundenheit des Eigentums (Art. 14 Abs. 2 des Grundgesetzes, Art. 103 Abs. 2 und Art. 158 der Verfassung) hinausgehende Wirkung hat, ist dem Betroffenen nach den Vorschriften des Bayerischen Gesetzes über die entschädigungspflichtige Enteignung Entschädigung in Geld zu gewähren. [2]Steuervorteile, die auf die Denkmaleigenschaft zurückzuführen sind, sind in allen Fällen in angemessenem Umfang auf die Entschädigung anzurechnen.
(2) [1]Die Kreisverwaltungsbehörde setzt auf Antrag des Betroffenen die Entschädigung fest. [2]Die Vorschriften des Bayerischen Gesetzes über die entschädigungspflichtige Enteignung über die Festsetzung der Entschädigung gelten sinngemäß.
(3) [1]Ergeht auf einen neuen Antrag hin eine Entscheidung, die für den Entschädigungsberechtigten günstiger ist als die der Entschädigungsfestsetzung nach Absatz 1 zugrunde liegende Entscheidung, so ist in allen Fällen die Entschädigung auf die Höhe herabzu-

setzen, die der entstandenen Beeinträchtigung entspricht. [2]Absatz 2 gilt entsprechend. [3]Ein überzahlter Betrag ist zurückzuerstatten, soweit der Entschädigungsberechtigte noch bereichert ist.

Art. 21
Tragung des Entschädigungsaufwands

(1) [1]Der Freistaat Bayern und die Gemeinden haben die Entschädigung grundsätzlich gemeinsam zu tragen. [2]Absatz 5 bleibt unberührt. [3]Die Ansprüche des Berechtigten sind gegen den Freistaat Bayern zu richten. [4]Der Entschädigungsfonds erstattet dem Freistaat Bayern die dem Betroffenen gewährten Entschädigungsleistungen. [5]Für die Geltendmachung des Erstattungsanspruchs ist die Regierung zuständig.
(2) [1]Die Oberste Denkmalschutzbehörde errichtet und verwaltet mit Wirkung zum 1. Januar des auf das Inkrafttreten des Gesetzes folgenden Jahres einen Entschädigungsfonds als staatliches Sondervermögen ohne eigene Rechtspersönlichkeit. [2]Die jährlichen Beiträge an den Fonds werden vom Freistaat Bayern und von den Gemeinden je zur Hälfte aufgebracht. [3]Sie betragen in der Regel je zehn Millionen Deutsche Mark. [4]Durch Rechtsverordnung nach Absatz 4, die der Zustimmung des Landtags bedarf, können die Beiträge abweichend von Satz 3 festgesetzt werden; dabei kann nach Anhörung des Bayerischen Städtetags und des Bayerischen Gemeindetags die Beitragspflicht der Gemeinden bis auf 50 v. H. der vom Staat im Vorjahr nach Absatz 1 Satz 2 in Verbindung mit Art. 20 und nach Art. 4 Abs. 3 erbrachten Leistungen erhöht werden, wenn die Mittel des Fonds zur Dekkung dieser Leistungen nicht ausreichen.
(3) Die Beiträge der einzelnen Gemeinden zu dem von ihnen insgesamt gemäß Absatz 2 zum Entschädigungsfonds zu leistenden Anteil bestimmen sich nach dem Verhältnis ihrer für das laufende Rechnungsjahr maßgebenden Umlagegrundlagen (Art. 18 Abs. 3, Art. 21 Abs. 3 des Finanzausgleichsgesetzes).
(4) [1]Die Oberste Denkmalschutzbehörde wird ermächtigt, im Einvernehmen mit den Staatsministerien des Innern und der Finanzen durch Rechtsverordnung die Einzelheiten, insbesondere auch des Berechnungs- und Erhebungsverfahrens, zu regeln. [2]Es kann vorgesehen werden, daß das Landesamt für Statistik und Datenverarbeitung die Beiträge ermittelt und festsetzt und daß die Erhebung bei den kreisangehörigen Gemeinden im Weg der Verrechnung über die Landkreise erfolgt.
(5) Erfolgt eine Enteignung auf Grund eines Enteignungsverfahrens zugunsten einer juristischen Person des öffentlichen Rechts, die nicht Gebietskörperschaft ist, oder zugunsten einer juristischen Person des Privatrechts, so hat diese die Entschädigung zu tragen.

VII. Finanzierung

Art. 22
Leistungen

(1) [1]Der Freistaat Bayern beteiligt sich unbeschadet bestehender Verpflichtungen in Höhe der jeweils im Staatshaushalt ausgewiesenen Mittel an den Kosten des Denkmalschutzes und der Denkmalpflege, insbesondere an den Kosten der Instandsetzung, Erhaltung, Sicherung und Freilegung von Denkmälern. [2]Die Höhe der Beteiligung richtet sich nach der Bedeutung und der Dringlichkeit des Falls und nach der Leistungsfähigkeit des Eigentümers.
(2) Die kommunalen Gebietskörperschaften beteiligen sich im Rahmen ihrer Leistungsfähigkeit in angemessenem Umfang an den Kosten der in Absatz 1 genannten Maßnahmen.

VIII. Ordnungswidrigkeiten

Art. 23

(1) Mit Geldbuße bis zu fünfhunderttausend Deutsche Mark kann belegt werden, wer vorsätzlich oder fahrlässig
1. Handlungen nach Art. 4 Abs. 4 vornimmt, obwohl ihm dies durch vollziehbare Anordnung untersagt wurde,
2. ohne die nach Art. 6 Abs. 1, Art. 7 Abs. 4 Satz 1 oder Art. 10 Abs. 1 erforderliche Erlaubnis oder die an ihre Stelle tretende baurechtliche Genehmigung Maßnahmen an einem Denkmal durchführt oder Auflagen nach Art. 6 Abs. 4 oder Art. 7 Abs. 4 Satz 2 nicht erfüllt,
3. ohne die nach Art. 7 Abs. 1 erforderliche Erlaubnis nach Bodendenkmälern gräbt oder zu einem anderen Zweck Erdarbeiten auf einem Grundstück vornimmt oder wer ohne die nach Art. 7 Abs. 2 erforderliche Erlaubnis Arbeiten in einem Grabungsschutzgebiet durchführt, die Bodendenkmäler gefährden können,
4. die gemäß Art. 8 Abs. 1 oder Art. 10 Abs. 2 erforderliche Anzeige nicht unverzüglich erstattet,
5. die aufgefundenen Gegenstände und den Fundort nicht gemäß Art. 8 Abs. 2 unverändert läßt,
6. seiner Übergabepflicht gemäß Art. 8 Abs. 5 nicht unverzüglich nachkommt.

(2) Die Verfolgung der Ordnungswidrigkeiten verjährt in fünf Jahren.

IX. Allgemeine Bestimmungen und Schlußbestimmungen

Art. 24
Grundrechtseinschränkung

Die Grundrechte der Unverletzlichkeit der Wohnung (Art. 13 des Grundgesetzes, Art. 106 Abs. 3 der Verfassung, der freien Entfaltung der Persönlichkeit (Art. 2 Abs. 1 des Grundgesetzes, Art. 101 der Verfassung) und des Eigentums (Art. 14 des Grundgesetzes, Art. 103 der Verfassung) werden durch dieses Gesetz eingeschränkt.

Art. 25
Erteilung von Bescheinigungen für steuerliche Zwecke

Bescheinigungen für die Erlangung von Steuervergünstigungen werden vom Landesamt für Denkmalpflege erteilt.

Art. 26
Kirchliche Denkmäler

(1) Art. 10 §§ 3 und 4 des Konkordats mit dem Heiligen Stuhl vom 29. März 1924 und Art. 18 und 19 des Vertrags zwischen dem Freistaat Bayern und der Evangelisch-Lutherischen Kirche in Bayern rechts des Rheins[8)] vom 15. November 1924 bleiben unberührt.

(2) [1]Sollen Entscheidungen über Bau- oder Bodendenkmäler oder über eingetragene bewegliche Denkmäler getroffen werden, die unmittelbar gottesdienstlichen Zwecken der Kirchen oder anerkannter Religionsgemeinschaften dienen, so haben die Denkmalschutzbehörden die von den zuständigen kirchlichen Oberbehörden festgestellten kirchlichen Belange zu berücksichtigen. [2]Die Kirchen sind am Verfahren zu beteiligen. [3]Die zuständige kirchliche Oberbehörde entscheidet im Benehmen mit der Obersten Denkmalschutzbehörde, falls die Untere und Höhere Denkmalschutzbehörde die geltend gemachten kirchlichen Belange nicht anerkennen.

Art. 27
(Änderungsbestimmung)

Art. 28
Inkrafttreten

(1) Dieses Gesetz tritt am 1. Oktober 1973 in Kraft.
(2) *(gegenstandslos)*

Vollzug des Denkmalschutzgesetzes und baurechtlicher Vorschriften

Gemeinsame Bekanntmachung der Bayerischen Staatsministerien des Innern und für Unterricht und Kultus* vom 27. Juli 1984 Nr. II B 7 – 4121-0.27 und Nr. IV/2b – 7/96 982

An die Regierungen
die unteren Bauaufsichtsbehörden
die unteren Denkmalschutzbehörden
das Bayerische Landesamt für Denkmalpflege
die Gemeinden
die Landkreise
die Bezirke

nachrichtlich an
die Bezirksheimatpfleger
die Landbauämter
die Universitätsbauämter
die Autobahndirektionen
die Straßenbauämter
das Straßen- und Wasserbauamt Pfarrkirchen
die Wasserwirtschaftsämter
das Talsperren-Neubauamt Nürnberg
die Kreis- und Stadtheimatpfleger

* Heute Bayerisches Staatsministerium für Unterricht, Kultus, Wissenschaft und Kunst

Inhaltsübersicht

14. Baugenehmigungs- und Zustimmungsverfahren
15. Bodenverkehrsgenehmigungsverfahren
16. Bauleitplanverfahren
17. Örtliche Bauvorschriften
18. Anordnung von Baumaßnahmen, Nutzungs-, Abbruch- und Erhaltungsgeboten nach dem Bundesbaugesetz; Anordnungen nach Art. 63 Abs. 5 und 6, Art. 82 BayBO; Anordnungen nach Art. 4, 15 Abs. 3 DSchG
19. Verfahren nach dem Städtebauförderungsgesetz
20. Planfeststellungsverfahren
21. Flurbereinigung und Dorferneuerung
22. Verfahren zur Erhaltung von Bodendenkmälern im Sinn des Art. 1 Abs. 4 DSchG
22.1 Erlaubnisverfahren
22.2 Genehmigungsverfahren
22.3 Verfahren bei Anzeigen
22.4 Auswertung von Funden
22.5 Denkmäler, die gottesdienstl. Zwecken dienen
22.6 Eigentumsverhältnisse
23. Erhaltung von eingetragenen beweglichen Denkmälern
24. Besonderheiten für Baudenkmäler zu gottesdienstlichen Zwecken
25. Sonstige Bestimmungen

Beim Vollzug des Gesetzes zum Schutz und zur Pflege der Denkmäler (Denkmalschutzgesetz – DSchG) vom 25. Juni 1973 (GVBl S. 328), zuletzt geändert durch Gesetz vom 7. September 1982 (GVBl S. 722), ist folgendes zu beachten:

1. Denkmalbegriff und Denkmalliste, Nähe von Baudenkmälern

1.1 Denkmäler sind alle Sachen, die unter die Definition des Art. 1 DSchG fallen. Die Anwendbarkeit der Schutzbestimmungen des Gesetzes hängt nur bei beweglichen Denkmälern von der Eintragung in die Denkmalliste ab (Art. 3 Abs. 1 DSchG), nicht dagegen bei Bau- und Bodendenkmälern. Die Denkmalliste dient im Bereich der Bau- und Bodendenkmäler vor allem der Erleichterung des Gesetzesvollzugs. Baudenkmäler im Sinne des DSchG sind auch die sogenannten Ensembles (vgl. Art. 1 Abs. 3 DSchG).
Um einen einheitlichen Gesetzesvollzug zu gewährleisten, sind die Behörden verpflichtet, sich an die Denkmalliste zu halten. Von der Liste darf in bezug auf die Denkmaleigenschaft nur im Einvernehmen mit dem Landesamt für Denkmalpflege abgewichen werden. Solange für einzelne Bereiche die Denkmalliste nicht vorliegt, ist bei der Beurteilung der Denkmaleigenschaft zunächst von den vom Landesamt erstellten Entwürfen der Liste auszugehen. Soweit Denkmäler in der Liste nicht enthalten sind und soweit bei Bodendenkmälern weder ein Listenentwurf noch ein ausreichendes Inventar vorliegt, holen in Zweifelsfällen die mit den Verfahren befaßten Behörden – in dringenden Fällen fernmündlich – eine Stellungnahme des Landesamts für Denkmalpflege darüber ein, ob beabsichtigt ist, das Objekt in die Liste einzutragen.
Die Denkmalliste steht jedermann zur Einsicht offen. Im Interesse aller Beteiligten wird die Denkmalliste laufend fortgeschrieben.
Die Bauaufsichtsbehörden und die unteren Denkmalschutzbehörden teilen dem Landesamt für Denkmalpflege Abbrüche oder sonstige Zerstörungen von Denkmälern mit.

1.2 Art. 6 Abs. 1 Nr. 1 in Verbindung mit Absatz 2 Satz 1 DSchG schützt Baudenkmäler u. a. vor unkontrollierten Veränderungen. Damit sind nicht nur Eingriffe in die Substanz der Bauwerke angesprochen, sondern z. B. auch Wandverkleidungen, Dacheindekkungen, Türen, Fenster. Bei Veränderungen soll angestrebt werden, daß Baustoffe verwendet werden, die den bereits vorhandenen Materialien entsprechen oder mit der vorhandenen Substanz vergleichbar sind.

1.3 Vor unkontrollierten Beeinträchtigungen durch Veränderungen in ihrer Umgebung sind Baudenkmäler durch Art. 6 Abs. 1 und 2 DschG geschützt. »Anlagen« in der Nähe von Baudenkmälern sind nicht nur bauliche Anlagen im Sinn der Bayerischen Bauordnung, sondern auch Anlagen anderer Art, z. B. Straßen. Anlagen liegen dann »in der Nähe« von Baudenkmälern, wenn ihre Einrichtung, Änderung oder Beseitigung Auswirkungen auf Baudenkmäler oder auf das Erscheinungsbild von Baudenkmälern haben kann.

2. Ausnahmen und Befreiungen

Baudenkmäler entsprechen oft nicht den Anforderungen des geltenden Baurechts. Wenn bei genehmigungspflichtigen Instandsetzungen, Umbauten oder Nutzungsänderungen die Vorschriften des Baurechts ausnahmslos beachtet werden müßten, könnten Baudenkmäler oft nicht in ihrer historischen Form erhalten werden. Deshalb sieht Art. 72 Abs. 3 Nr. 1 BayBO vor, daß zur Erhaltung und weiteren Nutzung von Baudenkmälern Ausnahmen von baurechtlichen Vorschriften zugelassen werden können, wenn nicht erhebliche Gefahren für Leben oder Gesundheit zu befürchten sind. Unter den Voraussetzungen des Art. 72 Abs. 5 BayBO kann auch von zwingenden baurechtlichen Vorschriften befreit werden. Ausnahmen sollen bei Vorliegen der gesetzlichen Voraussetzungen dann zugelassen werden, wenn die Ausnahme zur Erhaltung oder sachgerechten Nutzung des Baudenkmals beiträgt und dadurch nicht andere überragende Interessen unzumutbar beeinträchtigt werden; entsprechendes gilt für Befreiungen.
Ausnahmen oder Befreiungen können z. B. in Betracht kommen von Vorschriften über Abstandsflächen (Art. 6, 7 BayBO), über Herstellungs- und Un-

terhaltungsverpflichtungen (Art. 8, 62 BayBO), über Aufenthaltsräume und Wohnungen (Art. 58 bis 61 BayBO) sowie von Vorschriften der Versammlungsstättenverordnung. Können Herstellungs- und Unterhaltungspflichten nicht wahrgenommen werden, ist in erster Linie auf die in den einschlägigen Vorschriften enthaltenen Ersatz- und Ablösungsbestimmungen zurückzugreifen. Für Kinderspielplätze wird eine Befreiung nur selten in Betracht kommen können. Ausnahmen und Befreiungen von gemeindlichen Bauvorschriften nach Art. 91 Abs. 1 und 2 BayBO bedürfen des Einvernehmens der Gemeinde (Art. 72 Abs. 6 BayBO).

Wegen der Beachtung der Belange der Denkmalpflege und der Gewährung von Ausnahmen bei Anwendung der Arbeitsstättenverordnung wird auf das Schreiben des Staatsministeriums für Arbeit und Sozialordnung an die Gewerbeaufsichtsämter vom 26. November 1980 – Nr. IX 321/189/80 hingewiesen.

3. Ermessensentscheidungen und Nebenbestimmungen

Soweit Entscheidungen im Ermessen der unteren Denkmalschutzbehörde oder der unteren Bauaufsichtsbehörde stehen, sind alle für und gegen die Erhaltung oder Veränderung des Denkmals sprechenden Gründe sorgfältig abzuwägen. Dabei soll den Denkmälern im Hinblick auf Art. 141 der Verfassung grundsätzlich besonderer öffentlicher Schutz gewährt werden. Die Zulässigkeit von Nebenbestimmungen zum Verwaltungsakt richtet sich nach Art. 36 BayVwVfG. Nebenbestimmungen sollen den Schutz der Denkmäler sicherstellen. Gerade bei der Restaurierung oder Instandsetzung von Bau- und Bodendenkmälern ist erfahrungsgemäß damit zu rechnen, daß unbekannte Details zutage treten oder sonstige Tatsachen im Hinblick auf Erhaltungszustand, Konstruktion und Sanierungsmöglichkeiten bekannt werden. Um den erhöhten Anforderungen an die Planung bei Vorhaben zu entsprechen, die denkmalpflegerische Fragen berühren, kann im Einzelfall die Entscheidung nach Art. 15 Abs. 5 DSchG ausgesetzt werden; so können z. B. erforderliche Gutachten, Aufmaße und Befunduntersuchungen abgewartet werden.

Nach pflichtgemäßem Ermessen kann nach Art. 36 Abs. 2 Nr. 5 BayVwVfG in die Entscheidung ein Auflagenvorbehalt aufgenommen werden, um im Zeitpunkt der Entscheidung nicht absehbare Belange des Denkmalschutzes nach Bekanntwerden entsprechender Umstände verfahrensrechtlich zu sichern.

4. Entschädigungspflicht

Im Baugenehmigungs- und Erlaubnisverfahren bleibt unberücksichtigt, ob einem Eigentümer oder sonst dinglich Verfügungsberechtigten Erhaltungsmaßnahmen für ein Denkmal nach Art. 4 Abs. 1 DSchG zumutbar sind (BayVGH vom 12. 6. 1978, BayVBl 1979, S. 118). Im übrigen liegen das Eigentum beschränkende Maßnahmen des Denkmalschutzes weitgehend im Bereich der Sozialbindung des Eigentums; die Pflicht des Eigentümers, denkmalschützerische Maßnahmen zu dulden, hält sich damit grundsätzlich im Rahmen von Art. 103 Abs. 2 und Art. 158 der Verfassung sowie Art. 14 des Grundgesetzes (so ausdrücklich BayVerfGH vom 15. 5. 1981, BayVBl 1981, S. 429).

Sollte im Einzelfall trotzdem eine Entschädigungspflicht eintreten, so ist Art. 20 DSchG zu beachten. Steuervorteile und erreichbare Zuwendungen sind in angemessenem Umfang auf eine Entschädigung anzurechnen. Nimmt die Bauaufsichts- oder Denkmalschutzbehörde an, daß eine Maßnahme zu einer Verpflichtung des Entschädigungsfonds nach Art. 21 DSchG führen könnte, so ist über die Regierung und das Landesamt für Denkmalpflege unter Beigabe der erforderlichen Unterlagen die vorherige Weisung des Staatsministeriums für Unterricht und Kultus einzuholen (vgl. auch KMS vom 13. 10. 1983 Nr. IV/2b-7/142522).

Soweit eine Beeinträchtigung von Denkmälern durch die Versagung von Genehmigungen nach anderen Gesetzen verhindert werden kann, ohne daß Entschädigungsansprüche entstehen, sind diese Möglichkeiten auszunutzen.

5. Finanzielle Förderung

Für eine Reihe von Maßnahmen im Bereich von Denkmälern kommt eine direkte oder indirekte öffentliche Förderung oder Finanzierung in Betracht. Direkt wirken u. a. Zuwendungen des Landesamts für Denkmalpflege und der Gebietskörperschaften sowie die zahlreichen Formen der Wohnungsbauförderung, der Investitionsförderung, der Städtebauförderung, der Förderung der Modernisierung sowie Zuschüsse der Landesstiftung. Indirekt wirken die Steuervorteile z. B. aufgrund des Einkommensteuerrechts:

Einzelheiten enthalten der »Wegweiser« der Bayerischen Staatsregierung zu staatlichen Förderungs- und Finanzierungsmöglichkeiten und verschiedene Veröffentlichungen des Staatsministeriums für Unterricht und Kultus und des Landesamtes für Denkmalpflege.

Die jeweils zuständigen Behörden, insbesondere auch die unteren Bauaufsichts- und Denkmalschutzbehörden, weisen die Maßnahmeträger und Bauherren frühzeitig auf die Förderungsmöglichkeiten hin, die erfahrungsgemäß in zahlreichen Fällen den Entschluß zur Durchführung von Maßnahmen im Sinn des Denkmalschutzes günstig beeinflussen können. Vor allem gilt das bei Anträgen und Verfahren, die auf eine Beeinträchtigung von Denkmälern hinauslaufen können.

Die verschiedenen Planungs-, Erlaubnis- und Genehmigungsverfahren sind im übrigen eng mit dem Förderungsverfahren abzustimmen. Die Vorprüfungs- und Bewilligungsstellen und die Genehmigungsbehörden sollen so bald als möglich unter Beteiligung des Landesamts für Denkmalpflege untereinander Verbindung aufnehmen. Etwaige Bedenken sollen frühzeitig geklärt werden, bevor viel Zeit und erhebliche Mittel auf die Planung und Vorbereitung solcher Vorhaben verwendet werden. Um Zweifel über die Reichweite der Entscheidung in förderungsrechtlicher und steuerrechtlicher Hinsicht auszuschließen, ist in den Baugenehmigungs- und Erlaubnisbescheiden kenntlich zu machen, wenn die Entscheidung von der Stellungnahme des Landesamts für Denkmalpflege abweicht.

6. Beteiligung der kommunalen Gebietskörperschaften an den Kosten der Denkmalpflege

Nach Art. 22 Abs. 2 DSchG beteiligen sich die Gemeinden, Landkreise und Bezirke im Rahmen ihrer Leistungsfähigkeit in angemessenem Umfang an den Kosten des Denkmalschutzes und der Denkmalpflege, insbesondere an den Kosten der Instandsetzung, Erhaltung, Sicherung und Freilegung von Denkmälern sowie an den Kosten der Inventarisierung.

7. Ordnungswidrigkeiten

Der Rahmen für Geldbußen ist durch Art. 23 DSchG und Art. 89 BayBO weit gespannt. Die höchstzulässige Geldbuße beträgt 500 000 DM. Im Fall unerlaubter Beseitigung eines Baudenkmals 1 000 000 DM. Im Hinblick auf die Bedeutung, die die Erhaltung der Geschichtszeugnisse des Landes für die ganze Bevölkerung hat, ist dieser Rahmen bei Geldbußen zu beachten, zumal kleinere Geldbußen häufig von vornherein in die Kosten eines Vorhabens einkalkuliert und von den Betroffenen auf andere Personen abgewälzt werden. Muß die Bedeutung eines Falls genau ermittelt werden, so ist das Landesamt für Denkmalpflege zu beteiligen.

8. Baumaßnahmen im ländlichen Bereich

Schwierigkeiten beim Vollzug des Denkmalschutzgesetzes im Rahmen von Baumaßnahmen im ländlichen Bereich können am besten dadurch ausgeräumt werden, daß die einzelnen Bauvorhaben so frühzeitig wie möglich – also auf jeden Fall, sobald eine Bauvoranfrage gestellt ist – in Besprechungen erörtert werden, zu denen alle Beteiligten herangezogen werden sollen. Vor allem soll bei den Behördensprechtagen des Landesamts für Denkmalpflege unter Zuziehung des Amtes für Landwirtschaft und gegebenenfalls anderer Fachbehörden angestrebt werden, die entscheidungserheblichen Fragen zu klären. Dadurch können Mißhelligkeiten vermieden werden, die dadurch entstehen, daß verschiedene Behörden unterschiedliche Aussagen machen.

Die Bauaufsichts- und Denkmalschutzbehörden sind daher gehalten, den Ämtern für Landwirtschaft und gegebenenfalls sonst noch zu beteiligenden Fachbehörden die Termine der Sprechtage des Landesamtes für Denkmalpflege mitzuteilen.

9. Wohnungsbau-, Modernisierungs- und Städtebauförderung

Soweit Modernisierungs- und Sanierungsmaßnahmen nicht baugenehmigungspflichtig sind, bedarf es für Maßnahmen an oder in der Nähe von Baudenkmälern einer Erlaubnis nach Art. 6 Abs. 1 DSchG.

Sollen bei denkmalgeschützten Bauvorhaben Wohnungsbau-, Modernisierungs- oder Städtebauförderungsmittel eingesetzt werden, ist rechtzeitig zu prüfen, ob das Bauvorhaben mit den Erfordernissen des Denkmalschutzes übereinstimmt.

Auf Nummer 5 letzter Absatz wird hingewiesen.

10. Materielle Einzelprobleme

10.1 Fenster

Wegen des Einbaus von Einscheibenfenstern in historische Gebäude wird auf die Gemeinsame Bekanntmachung der Staatsministerien des Innern und für Unterricht und Kultus vom 23. März 1977 (MABl S. 315, KMBl S. 112) hingewiesen.

10.2 Flurdenkmäler

Flurdenkmäler (Steinkreuze, Bildstöcke u. a.) sind auch Bindeglieder zwischen Landschaft und menschlicher Kultur und müssen als religiöse und geschichtliche Zeugnisse geschützt werden. Regelmäßig handelt es sich um Baudenkmäler im Sinn des Art. 1 DSchG und um bauliche Anlagen im Sinn der Bayerischen Bauordnung. Für alle Restaurierungsmaßnahmen, bauliche oder gestalterische Veränderungen, die Beseitigung oder die Versetzung eines Flurdenkmals, für die weder ein Planfeststellungsverfahren noch ein Genehmigungsverfahren nach der Bayerischen Bauordnung durchzuführen ist, muß eine Erlaubnis nach dem Denkmalschutzgesetz eingeholt werden (Art. 15 in Verbindung mit Art. 6 Abs. 1 und 3 DSchG).

10.3 Fußgängerzonen und verkehrsberuhigte Bereiche

Fußgängerzonen und die gemäß § 42 StVO ausgestalteten verkehrsberuhigten Bereiche (Zeichen 325 und 326) werden häufig in der Nähe von Einzeldenkmälern oder in gestalterisch besonders empfindlichen Altstadtgebieten eingerichtet, die ganz oder teilweise als Ensembles im Sinn des Denkmalschutzgesetzes anzusehen sind. Sie verlangen besondere Rücksichtnahme auf das historische Orts-, Platz- und Straßenbild. Das gilt insbesondere für bauliche und gestalterische Ver-

änderungen des Straßenkörpers, z. B. der Fahrbahndecke oder des Fahrbahnniveaus, wie auch für die Errichtung von Anlagen im Straßenraum (z. B. Beleuchtungskörper, Blumenkästen).
Für bauliche oder gestalterische Veränderungen an Straßen, die selbst Denkmal sind oder sich auf den Bestand oder das Erscheinungsbild von Denkmälern auswirken können, ist eine denkmalrechtliche Erlaubnis erforderlich (Art. 15 in Verbindung mit Art. 6 Abs. 1 DSchG). Das gleiche gilt, soweit die Errichtung von anderen Anlagen, wie z. B. Gartenanlagen, Brunnen, Beleuchtungskörpern und Pflanzenbehältern, in der Nähe von Denkmälern nicht baugenehmigungspflichtig ist.
Die Vorschriften über Werbeanlagen sind gerade auch im Umkreis von Fußgängerzonen und verkehrsberuhigten Bereichen sorgfältig zu beachten.

11. Beteiligung des Landesamts für Denkmalpflege

11.1 Das Landesamt für Denkmalpflege ist zu hören in den Verfahren
- nach dem Denkmalschutzgesetz

und in den folgenden Verfahren, soweit im Einzelfall Bau- oder Bodendenkmäler betroffen werden
- nach der Bayerischen Bauordnung,
- zur Bauleitplanung und zum Erlaß von örtlichen Bauvorschriften,
- zur Genehmigung des Bodenverkehrs,
- zur Anordnung von Baumaßnahmen, Nutzungs-, Abbruch- und Erhaltungsgeboten nach §§ 39 b bis 39 e BBauG,
- nach dem Städtebauförderungsgesetz,
- bei Veränderungen sowie Konservierungs- und Restaurierungsmaßnahmen an staatseigenen oder vom Staat verwalteten Denkmälern (Art. 12 Abs. 2 Satz 3 Nrn. 4 und 5 DSchG),
- in straßen-, wasser-, flurbereinigungs-, gewerbe- und immissionsschutzrechtlichen Verfahren und
- in Förderungs- und Finanzierungsverfahren.

11.2 Eine Beteiligung des Landesamts für Denkmalpflege ist entbehrlich,
- wenn das Landesamt bereits zu einem früheren Zeitpunkt eine Stellungnahme zu der Maßnahme abgegeben und bei gleicher Sachlage auf eine weitere Beteiligung verzichtet hat; im übrigen ist davon auszugehen, daß das Landesamt an seine Stellungnahme nur im Rahmen der zeitlichen Geltungsdauer einer Baugenehmigung (Art. 78 BayBO) gebunden ist,
- wenn das Landesamt für Denkmalpflege für eine Gruppe von Maßnahmen – gegebenenfalls im Einvernehmen mit anderen beteiligten Behörden – Richtlinien aufgestellt hat und von diesen Richtlinien nicht abgewichen werden soll,
- wenn gemeindliche Gestaltungsvorschriften im Einvernehmen mit dem Landesamt für Denkmalpflege erlassen wurden und in einem Erlaubnis- oder Genehmigungsverfahren von diesen Vorschriften nicht abgewichen werden soll; das gilt nicht, wenn Denkmäler selbst betroffen sind,
- wenn bei untergeordneten Änderungen an baulichen Anlagen eine Beeinträchtigung des Baudenkmals ausgeschlossen erscheint; eine untergeordnete Änderung ist nicht mehr anzunehmen bei einer wesentlichen Änderung der äußeren Gestaltung, z. B. einer Änderung der Fassade, der Fenster, der Höhenentwicklung, der Farbgebung sowie einer Ausweitung von Werbeanlagen und bei Eingriffen in die Denkmalsubstanz im Innern,
- wenn dies durch eine sonstige Richtlinie des Staatsministeriums des Innern oder des Staatsministeriums für Unterricht und Kultus ausdrücklich festgelegt wird.

Eine besondere Eilbedürftigkeit rechtfertigt es nicht, von der Beteiligung des Landesamts abzusehen. Sofern mit der Entscheidung nicht bis zum nächsten Behördensprechtag gewartet werden kann, ist der Vorgang dem Landesamt für Denkmalpflege unmittelbar zu übersenden und gegebenenfalls eine telefonische Äußerung einzuholen.

12. Regelung des Verfahrens im allgemeinen und Behördensprechtag

Die an Verwaltungsverfahren beteiligten Behörden und Stellen sind gehalten, im Wege der Beratung Verständnis für die Belange des Denkmalschutzes zu wekken. Sie entscheiden in eigener Zuständigkeit und sehen von einer Beteiligung des Landesamts für Denkmalpflege ab, wenn die Beeinträchtigung von Denkmälern bereits aufgrund anderer gesetzlicher Vorschriften als des Denkmalschutzgesetzes verhindert oder unterbunden werden kann (insbesondere nach §§ 29 ff. BBauG oder dem Stiftungsrecht).
Darüber hinaus ist anzustreben, die Belange des Denkmalschutzes und der Denkmalpflege so frühzeitig wie möglich in die Planungen und Verfahren einzuführen. Bereits im Vorfeld von Maßnahmen soll der Träger oder Bauherr von Amts wegen beraten werden, um spätere Schwierigkeiten zu vermeiden.
Zur Vereinfachung und Beschleunigung von Verwaltungsverfahren und behördeninterner Verfahren und Planungen im Geltungsbereich dieser Bekanntmachung hält das Landesamt für Denkmalpflege bei den unteren Bauaufsichtsbehörden im Abstand von höchstens vier Wochen Behördensprechtage ab. Neben den Gebietsreferenten des Landesamts nehmen teil Vertreter der Bauaufsichtsbehörde und der unteren Denkmalschutzbehörde, der Heimatpfleger sowie Vertreter jener Behörde, deren Maßnahme oder Verfahren durch das Landesamt zu beurteilen ist.
Die untere Bauaufsichts- oder – außerhalb bauaufsichtlicher Verfahren – die untere Denkmalschutzbe-

hörde stellt die Tagesordnung auf, sorgt für die Vollständigkeit der Antragsunterlagen und bereitet diese so weit auf, daß über das Verfahren möglichst an einem Behördensprechtag entschieden werden kann. Sie bereitet auch etwaige Ortstermine vor. Ferner nimmt sie die Stellungnahme des Landesamts zu Protokoll und übersendet dem Landesamt eine Ausfertigung des Protokolls, soweit nicht im Einzelfall etwas anderes vereinbart wird. Dem Landesamt für Denkmalpflege bleibt vorbehalten, einzelne Fälle einer genaueren Prüfung zu unterziehen und um Aktenvorlage oder um Ortseinsicht zu bitten.
Die Entscheidungen sind jeweils in Abdruck dem Landesamt für Denkmalpflege zuzuleiten.

13. Erlaubnisverfahren nach dem Denkmalschutzgesetz für Denkmäler und Anlagen in der Nähe von Baudenkmälern

Soweit Maßnahmen im Sinn des Art. 6 Abs. 1 DSchG nicht bereits einer baurechtlichen Genehmigung oder Zustimmung bedürfen, ist eine Erlaubnis nach dem Denkmalschutzgesetz erforderlich (Art. 15 DSchG). Das Landesamt für Denkmalpflege ist zu hören, es sei denn, daß seine Beteiligung nicht erforderlich ist. Will die untere Denkmalschutzbehörde von der Stellungnahme des Landesamts auch nur in einzelnen Punkten abweichen, so hat sie die Weisung der höheren Denkmalschutzbehörde einzuholen (Art. 15 Abs. 2 Satz 2 DSchG).
Will die untere Denkmalschutzbehörde von der Stellungnahme des Landesamts für Denkmalpflege abweichen, ist diesem gegebenenfalls Gelegenheit zu geben, notwendige Nebenbestimmungen, insbesondere zur Dokumentation und Sicherung der Denkmäler, einzubringen. Im Erlaubnisbescheid ist auf das fehlende Einvernehmen mit dem Landesamt für Denkmalpflege und die negativen Rechtsfolgen nach § 82i und § 82 k der Einkommensteuer-Durchführungsverordnung oder im Förderungsverfahren hinzuweisen. Dem Landesamt für Denkmalpflege ist ein Abdruck des Erlaubnisbescheids zu übersenden.

14. Baugenehmigungs- und Zustimmungsverfahren

14.1 Soweit in den Fällen des Art. 6 Abs. 1 Nrn. 1 und 2 DSchG eine Baugenehmigung erforderlich ist (Art. 65 bis 68 BayBO), entfällt nach Art. 6 Abs. 3 Satz 1 DSchG die Erlaubnis nach dem Denkmalschutzgesetz. Es findet dann nur das Baugenehmigungsverfahren statt. Das Landesamt für Denkmalpflege als Träger öffentlicher Belange wird in diesem Verfahren aufgrund des Art. 71 Abs. 1 Satz 2 BayBO angehört (vgl. Bekanntmachung vom 2. 2. 1976, MABl. S. 66).
Bei Maßnahmen an Baudenkmälern (Art. 6 Abs. 3 in Verbindung mit Art. 6 Abs. 1 Nr. 1 DSchG) sind Belange des Denkmalschutzes regelmäßig betroffen, so daß das Landesamt für Denkmalpflege zu beteiligen ist, sofern nicht besondere Umstände ein abweichendes Verfahren rechtfertigen. Nach Art. 1 Abs. 3 DSchG gehören alle Teile eines Ensembles, auch soweit sie allein kein Einzelbaudenkmal nach Art. 1 Abs. 2 DSchG darstellen, zu den Baudenkmälern. Auf Art. 66 Abs. 3 Satz 2 BayBO wird ausdrücklich hingewiesen. Die Befreiung der Instandsetzungsmaßnahmen von der Genehmigungspflicht nach Art. 66 Abs. 5 BayBO läßt die Erlaubnispflicht nach Art. 6 DSchG unberührt.
Das Landesamt für Denkmalpflege braucht – unbeschadet der Nummer 11.2 – nicht beteiligt zu werden.

- wenn das Vorhaben den Festsetzungen eines Bebauungsplans im Sinn des § 30 BBauG entspricht und das Landesamt für Denkmalpflege an der Aufstellung des Bebauungsplans beteiligt gewesen ist; das Landesamt ist jedoch auch in diesem Fall anzuhören, wenn es möglich erscheint, daß die Baugenehmigung nach Art. 74 Abs. 1 BayBO, Art. 6 Abs. 3 in Verbindung mit Absatz 2 DSchG versagt oder unter einschlägigen Nebenbestimmungen erteilt wird; das ist insbesondere dann der Fall, wenn durch die äußere Gestaltung des Vorhabens eine Beeinträchtigung von Baudenkmälern möglich erscheint, oder wenn die Beseitigung oder Änderung eines Baudenkmals beantragt wird,
- wenn es sich um eine Maßnahme innerhalb eines Ensembles handelt, die kein einzelnes Baudenkmal (Art. 1 Abs. 2 DSchG) betrifft und eine Beeinträchtigung des Ensembles ausgeschlossen ist, so z. B. bei Änderungen im Innern von Gebäuden, die keine Baudenkmäler sind.

Vor unkontrollierten Beeinträchtigungen durch Veränderungen in ihrer Umgebung sind Baudenkmäler durch Art. 6 Abs. 1 und 2 DSchG geschützt.

14.2 Bauanträge, bei denen das Landesamt für Denkmalpflege zu beteiligen ist, sind vorab auf ihre Vereinbarkeit mit den Vorschriften der Baugesetze zu überprüfen, sofern dies nicht zu erheblichen Verzögerungen führt. Steht aufgrund dieser Vorprüfung fest, daß der Bauantrag abzulehnen ist, wird sich regelmäßig die Beteiligung des Landesamts für Denkmalpflege erübrigen. Der Ablehnungsbescheid ist entsprechend baurechtlich zu begründen. Es wird in der Regel zweckmäßig sein, dem Bauantrag, der dem Landesamt für Denkmalpflege zugeleitet wird, eine Stellungnahme über die baurechtliche Lage beizufügen.
Ist das Landesamt für Denkmalpflege zu beteiligen, wird zur Beschleunigung des Verfahrens häufig eine weitere Ausfertigung der Bauvorlagen zu verlangen sein (§ 1 Abs. 2 Satz 2 BauVerfV). Im Lageplan (§ 1 Abs. 1 Nr. 1, § 2 Abs. 2 BauVerfV) sollen die vorhandenen Baudenkmäler (Einzelbaudenkmäler oder Ensembles), auch diejenigen in der Nähe des Baugrundstücks, besonders gekennzeichnet werden. Ist in Ge-

nehmigungsverfahren für Baudenkmäler oder für Anlagen in der Nähe von Baudenkmälern (vgl. Art. 6 Abs. 1 DSchG) der weitere Umgriff um die zur Genehmigung anstehende bauliche Anlage von Bedeutung, so wird die Bauaufsichtsbehörde in der Regel an den Lageplan die erhöhten Anforderungen nach § 2 Abs. 1 Satz 2 BauVorlV stellen. Soweit es für die Beurteilung der Genehmigungsfähigkeit erforderlich ist, sind Bestandspläne des Denkmals zu verlangen. Bei Maßnahmen an Baudenkmälern oder in der Nähe von Baudenkmälern werden oft Fotos über den Zustand des Objekts und seiner Umgebung zur Beschleunigung des Verfahrens beitragen. Gibt das Landesamt für Denkmalpflege die erbetene Stellungnahme nicht innerhalb von zwei Monaten ab, so kann davon ausgegangen werden, daß es gegen die beantragte Maßnahme keine Einwendungen erhebt. Das gilt nicht, soweit das Landesamt für Denkmalpflege unter Angabe von Gründen Fristverlängerung erbeten hat.

14.3 Will die Bauaufsichtsbehörde bei der Baugenehmigung von der Stellungnahme des Landesamts für Denkmalpflege abweichen, so hat sie das Landesamt für Denkmalpflege unverzüglich davon zu unterrichten. Besitzt das Kulturdenkmal eine für das ganze Land oder einzelne Landesteile herausragende Bedeutung, kann das Landesamt für Denkmalpflege innerhalb eines Monats die Regierung um eine Entscheidung anrufen. Die Regierung hat innerhalb von zwei Monaten zu entscheiden. In der Baugenehmigung ist gegebenenfalls auf das fehlende Einvernehmen mit dem Landesamt für Denkmalpflege und die negativen Rechtsfolgen nach § 82 i und § 82 k der Einkommensteuer-Durchführungsverordnung und im Förderungsverfahren hinzuweisen.

14.4 Ist für ein Vorhaben auch die stiftungsaufsichtliche Genehmigung nach Art. 31 Abs. 1 Nr. 4 des Stiftungsgesetzes erforderlich, so ist es in der Regel zweckmäßig, über den Bauantrag erst zu entscheiden, wenn feststeht, daß die stiftungsaufsichtliche Genehmigung erteilt wird.

14.5 Ist für Abgrabungen, durch die Bodendenkmäler betroffen werden können, eine denkmalschutzrechtliche Erlaubnis erforderlich, so darf eine zugleich benötigte Baugenehmigung erst erteilt werden, wenn diese Erlaubnis vorliegt.

14.6 Dem Landesamt für Denkmalpflege ist ein Abdruck der Baugenehmigung zu übersenden.

14.7 Die Regelungen nach den Nummern 14.1 bis 14.6 gelten auch, wenn ein Vorbescheid (Art. 75 BayBO) beantragt wird, sowie bei der Erteilung einer Teilbaugenehmigung (Art. 76 BayBO). Entsprechendes gilt für das Zustimmungsverfahren (Art. 86 BayBO).

15. Bodenverkehrsgenehmigungsverfahren

Das Landesamt für Denkmalpflege ist zu beteiligen, wenn Baudenkmalgrundstücke von der Teilung des Grundstücks betroffen werden oder Baudenkmäler in der Nähe des von der Teilung betroffenen Grundstücks liegen und es möglich erscheint, daß

- im Fall des § 19 Abs. 1 Nr. 2 BBauG – Teilung innerhalb der im Zusammenhang bebauten Ortsteile – infolge der Teilung ein Grundstück entstehen würde, auf dem die mit der Teilung bezweckte Nutzung unter dem Gesichtspunkt des Schutzes von Baudenkmälern unzulässig wäre,
- im Fall von § 19 Abs. 1 Nr. 3 Alternative 3 BBauG – Teilung im Außenbereich zum Zweck der Bebauung – oder von § 19 Abs. 1 Nr. 3 Alternative 4 BBauG – Teilung im Außenbereich zur Vorbereitung einer Bebauung – die Teilung oder die mit ihr bezweckte Nutzung mit einer geordneten städtebaulichen Entwicklung unter dem Gesichtspunkt des Schutzes von Baudenkmälern nicht vereinbar wäre, oder die Teilung eine aus diesem Grund unzulässige Bebauung vorbereiten soll.
- im Fall des § 19 Abs. 1 Nr. 4 BBauG – räumlicher Geltungsbereich einer Veränderungssperre – überwiegende Belange des Denkmalschutzes der Zulassung einer Ausnahme nach § 14 Abs. 2 Satz 1 BBauG entgegenstehen.

Im Hinblick auf § 19 Abs. 3 Satz 3 BBauG unterrichtet die für die Entscheidung über den Antrag auf Teilungsgenehmigung zuständige Behörde das Landesamts für Denkmalpflege unverzüglich von den einschlägigen Anträgen unter Angabe des Grundstücks und, falls bekannt, der beabsichtigten Nutzung. Sie setzt dem Landesamt für Denkmalpflege unter Hinweis auf die Folgen des Fristablaufs eine Frist von zwei Wochen zur Äußerung; geht innerhalb dieser Frist keine Stellungnahme ein, so ist ohne diese zu entscheiden.

16. Bauleitplanverfahren

Bei der Aufstellung der Bauleitpläne sind auch die erhaltenswerten Ortsteile sowie Bauten, Straßen und Plätze von geschichtlicher, künstlerischer oder städtebaulicher Bedeutung und die Gestaltung des Orts- und Landschaftsbildes zu berücksichtigen (§ 1 Abs. 6 BBauG, vgl. auch § 10 Abs. 1 StBauFG hinsichtlich der Pflicht, Gebäude und sonstige Anlagen kenntlich zu machen, die bei der Durchführung der Sanierung ganz oder teilweise beseitigt werden müssen oder die erhalten bleiben sollen). Bei der Abwägung der öffentlichen und privaten Belange nach § 1 Abs. 7 BBauG müssen die Gemeinden beachten, daß Art. 141 Abs. 1 und 2 der Verfassung in besonderem Maße zur Berücksichtigung des Denkmalschutzes und der Denkmalpflege verpflichten. Die Bauleitplanung soll auch der Erhaltung von Ensembles erhöhte Aufmerksamkeit widmen.

Die Genehmigungsbehörde prüft, ob die Gemeinde bei

der Aufstellung eines Bauleitplans ihr Planungsermessen im Rahmen der Gesetze ausgeübt und die zu berücksichtigenden Belange des Denkmalschutzes und der Denkmalpflege in die Überlegungen einbezogen und richtig gewichtet hat. Auf eine frühzeitige Beteiligung des Landesamts für Denkmalpflege im Bauleitplanverfahren ist hinzuwirken. Auf die Planungshilfen für die Bauleitplanung (Bek vom 30. 7. 1982, MABl S. 517) wird hingewiesen.

17. Örtliche Bauvorschriften

Die Gemeinden können dem Anliegen des Denkmalschutzes auch durch den Erlaß örtlicher Bauvorschriften nach Art. 91 BayBO – insbesondere nach Absatz 1 Nr. 2 – Rechnung tragen. Die frühzeitige Beteiligung des Landesamts für Denkmalpflege ist anzustreben.

18. Anordnung von Baumaßnahmen, Nutzungs-, Abbruch- und Erhaltungsgeboten nach dem Bundesbaugesetz;
Anordnungen nach Art. 63 Abs. 5 und 6, Art. 82 BayBO;
Anordnungen nach Art. 4, 15 Abs. 3 DSchG

Für das Verfahren gelten die oben genannten allgemeinen Verfahrensregelungen und die Grundsätze für das baurechtliche Genehmigungsverfahren entsprechend. Die Erhaltungssatzung nach § 39 h BBauG ist inzwischen von manchen Gemeinden mit Erfolg zur Erhaltung des Stadtbilds und der Stadtstruktur eingesetzt worden. Sie erlaubt über den Schutz von Einzeldenkmälern hinaus einen flächenhaften Schutz von Bauquartieren. Auch das Instandsetzungs- und Modernisierungsgebot kann für denkmalschützerische Aufgaben angewendet werden.
Bei dem Erlaß von Abbruch- oder Beseitigungsgeboten für Denkmäler oder Teilen von ihnen gilt für die Beteiligung des Landesamts für Denkmalpflege das zum Baugenehmigungsverfahren Ausgeführte entsprechend. Das gleiche gilt für derartige Maßnahmen in der Nähe von Denkmälern und innerhalb oder in der Nähe von Ensembles. Anordnungen nach Art. 4 DSchG zu erlassen, liegt im pflichtgemäßen Ermessen der unteren Denkmalschutzbehörde. Das Landesamt für Denkmalpflege kann Anregungen geben.

19. Verfahren nach dem Städtebauförderungsgesetz

Das Landesamt für Denkmalpflege ist auch im Sanierungsverfahren nach dem Städtebauförderungsgesetz bei der Durchführung vorbereitender Untersuchungen (§ 4 Abs. 4 StBauFG) zu beteiligen. Die Genehmigung über die förmliche Festlegung des Sanierungsgebiets nach § 5 Abs. 2 StBauFG darf nur erteilt werden, wenn das Landesamt für Denkmalpflege bei den vorbereitenden Untersuchungen ausreichend beteiligt worden ist. Bei der Neugestaltung des förmlich festgelegten Sanierungsgebiets durch Bebauungspläne im Verfahren nach dem Städtebauförderungsgesetz ist auf die Erhaltung von Bauten, Straßen, Plätzen oder Ortsteilen von geschichtlicher, künstlerischer oder städtebaulicher Bedeutung Rücksicht zu nehmen; u. a. bleiben landesrechtliche Vorschriften über den Schutz und die Erhaltung von Baudenkmälern unberührt (§ 10 Abs. 1 Satz 2 StBauFG).

20. Planfeststellungsverfahren

Der Konzentrationswirkung der Planfeststellung, z. B. nach § 18 b Abs. 2 FStrG, Art. 38 Abs. 1 BayStrWG in Verbindung mit Art. 75 Abs. 1 BayVwVfG, § 31 Abs. 1 WHG in Verbindung mit Art. 83 Abs. 1 BayWG und Art. 75 Abs. 1 BayVwVfG, § 21 Abs. 1 WaStrG, § 9 Abs. 1 LuftVG, entspricht im Planfeststellungsverfahren die umfassende Beteiligung aller betroffenen oder zuständigen Behörden. Im Planfeststellungsverfahren sind deshalb auch die denkmalschutzrechtlichen Belange zu würdigen. Die planende Behörde soll schon in einem frühen Verfahrensstadium mit dem Landesamt für Denkmalpflege Kontakt aufnehmen und es über die Planungen unterrichten.
Werden Bau- oder Bodendenkmalgrundstücke von dem Vorhaben betroffen, so hat die planende Behörde dem Landesamt für Denkmalpflege bei der Ausarbeitung von Plänen für das Planfeststellungsverfahren eine Übersichtskarte im Maßstab 1:25 000 (wenn vorhanden auch 1:5000) zu übersenden, aus der die Planung ersichtlich ist. Im Planfeststellungsverfahren holt die Planfeststellungsbehörde auch die Stellungnahme des Landesamts für Denkmalpflege ein, benachrichtigt es vom Erörterungstermin und übersendet ihm den Planfeststellungsbeschluß.
Bei Maßnahmen, die nicht planfeststellungspflichtig sind oder nur in geringem Umfang Grund und Boden beanspruchen – vor allem Hochbaumaßnahmen –, besteht die Unterrichtungspflicht im Sinn des Satzes 1 in Grabungsschutzgebieten (Art. 7 Abs. 2 DSchG) uneingeschränkt, sonst nur, wenn die planende Behörde weiß oder vermutet oder den Umständen nach annehmen muß, daß sich auf dem in Aussicht genommenen Grundstück Bodendenkmäler oder sonstige Denkmäler befinden.
Mit dieser Unterrichtung soll dem Landesamt für Denkmalpflege Gelegenheit gegeben werden, nach Möglichkeit innerhalb von zwei Monaten zu prüfen und mitzuteilen, ob Bodendenkmäler berührt werden, gegebenenfalls Vorschläge für eine räumliche Verlegung oder zeitliche Verschiebung der Maßnahme zu unterbreiten oder die Bergung der Bodendenkmäler einzuleiten.

21. Flurbereinigung und Dorferneuerung

Auf die Gemeinsame Bekanntmachung der Staatsministerien des Innern, für Unterricht und Kultus und für Ernährung, Landwirtschaft und Forsten vom 6. Juni 1978 (MABl 1979 S. 11, LMBl S. 204) über Flurbereinigung und Denkmalpflege und auf die Dorferneuerungsrichtlinien vom 1. Oktober 1983 (LMBl S. 275) wird hingewiesen.

22. Verfahren zur Erhaltung von Bodendenkmälern im Sinn des Art. 1 Abs. 4 DSchG

22.1 Erlaubnisverfahren
Das Erlaubnisverfahren richtet sich nach Art. 15 Abs. 1 und 2 DSchG; es ist das gleiche wie das unter Nr. 13 Dargelegte. Der Antrag auf Erteilung einer Erlaubnis zur Durchführung von Maßnahmen nach Art. 7 Abs. 1 oder 2 DSchG, die nicht nach Art. 7 Abs. 3 DSchG erlaubnisfrei sind, ist bei der Gemeinde einzureichen, die den Antrag der unteren Denkmalschutzbehörde vorlegt. Die untere Denkmalschutzbehörde beteiligt den zuständigen Heimatpfleger und das Landesamt für Denkmalpflege, gegebenenfalls erneut die Gemeinde. Sollen Grabungen oder Erdarbeiten in Höhlen vorgenommen werden, so hat die untere Denkmalschutzbehörde außerdem das Geologische Landesamt und das Bergamt zu hören. Das Erlaubnisverfahren findet auch statt, wenn Maßnahmen nach Art. 7 Abs. 4 DSchG durchgeführt werden sollen, sofern nicht für diese Maßnahmen eine Baugenehmigung erforderlich ist. Wegen der Berücksichtigung von Bodendenkmälern in Planfeststellungsverfahren vgl. Nummer 20.

22.2 Genehmigungsverfahren
Für Grabungen auf fremden Grundstücken ist neben der Erlaubnis eine Genehmigung zur Inanspruchnahme des fremden Eigentums nach Art. 7 Abs. 5 DSchG erforderlich. Voraussetzung ist ein Antrag desjenigen, der die Grabungen durchführen will. Die Gemeinde und das Landesamt für Denkmalpflege werden in gleicher Weise beteiligt wie im Erlaubnisverfahren (Art. 15 Abs. 1 und 2 DSchG). Auch die Vorlagepflicht ist die gleiche wie im Erlaubnisverfahren. Eine Grabung auf einem fremden Grundstück darf nur dann zugelassen werden, wenn das Landesamt für Denkmalpflege zuvor festgestellt hat, daß ein besonderes öffentliches Interesse an der Grabung besteht. Die Entscheidung der unteren Denkmalschutzbehörde soll einen Ausspruch über die Entschädigungspflicht enthalten.

22.3 Verfahren bei Anzeigen
Wird der Fund von Bodendenkmälern angezeigt (Art. 8 Abs. 1 DSchG), so hat die untere Denkmalschutzbehörde, sofern nicht Art. 8 Abs. 3 DSchG anwendbar ist, sicherzustellen, daß die aufgefundenen Gegenstände und der Fundort bis zum Ablauf von einer Woche unverändert belassen werden (Art. 8 Abs. 2 DSchG). Außerdem hat die untere Denkmalschutzbehörde sofort das Landesamt für Denkmalpflege – möglichst fernmündlich – unter Angabe des Fundorts und unter möglichst genauer Beschreibung der aufgefundenen Gegenstände um Stellungnahme zu bitten, ob die Gegenstände vor Ablauf der Wochenfrist freigegeben werden sollen, ob die Fortsetzung der Arbeiten gestattet werden kann oder ob eine Entscheidung nach Art. 8 Abs. 4 DSchG ergehen soll. Eine solche Entscheidung muß immer dann ergehen, wenn die aufgefundenen Gegenstände oder der Fundort länger als eine Woche nach Erstattung der Anzeige unverändert belassen werden sollen. Ferner hat die untere Denkmalschutzbehörde dem zuständigen Heimatpfleger mitzuteilen, innerhalb welcher Frist er sich zu den Fragen der Freigabe der Gegenstände, der Fortsetzung der Arbeiten und zur Durchführung weiterer Maßnahmen (Art. 8 Abs. 4 DSchG) äußern kann (Art. 13 Abs. 1 Satz 2 DSchG). Art. 8 DSchG gilt auch bei baurechtlich genehmigten Vorhaben.

22.4 Auswertung von Funden
Am Verfahren nach Art. 9 DSchG sind Gemeinde und Heimatpfleger nicht beteiligt. Die Entscheidung der unteren Denkmalschutzbehörde ergeht aufgrund einer Anregung des Landesamts für Denkmalpflege.

22.5 Denkmäler, die gottesdienstlichen Zwecken dienen
Das Verfahren nach den Nummern 22.1 bis 22.4 ist auch durchzuführen, wenn durch Entscheidungen über Bodendenkmäler Denkmäler betroffen sind, die unmittelbar gottesdienstlichen Zwecken dienen (Art. 26 Abs. 2 DSchG).

22.6 Eigentumsverhältnisse
Bei Bodenaltertümern wird es sich gelegentlich um Schatzfunde nach § 984 BGB handeln. Nach dieser Vorschrift erwirbt das Eigentum an dem Fund je zur Hälfte der Grundstückseigentümer und der Finder. Entdecker ist auch bei vergebenen Bauarbeiten der Bauherr.

23. Erhaltung von eingetragenen beweglichen Denkmälern

Das Erlaubnisverfahren für die in Art. 10 Abs. 1 DSchG aufgeführten Maßnahmen an beweglichen Denkmälern, die nach Art. 2 Abs. 2 DSchG in die Denkmalliste eingetragen sind, richtet sich nach Art. 15 Abs. 1 und 2 DSchG. Die Einschaltung des Heimatpflegers ist nur erforderlich, wenn sein Aufgabenbereich betroffen ist.

24. Besonderheiten für Baudenkmäler zu gottesdienstlichen Zwecken

Sollen Entscheidungen getroffen werden, die sich auf Baudenkmäler beziehen, die unmittelbar gottesdienstlichen Zwecken der Kirchen oder anerkannten Religionsgemeinschaften dienen, hat die untere Denkmalschutzbehörde nach Art. 26 Abs. 2 Satz 2 DSchG der zuständigen kirchlichen Oberbehörde, also dem zuständigen Ordinariat oder dem Evangelisch-Lutherischen Landeskirchenrat, Gelegenheit zu geben, etwa zu berücksichtigende kirchliche Belange festzustellen. Wegen der Einzelheiten des Verfahrens werden die Bauaufsichts- und Denkmalschutzbehörden auf das KMS vom 16. Mai 1979 Nr. IV/2-7/34 849 hingewiesen. Die sich aus der Reform der Liturgie der römisch-katholischen Kirche ergebenden Forderungen sind enthalten in Art. 253 bis 280 der Institutio Generalis Missalis Romani (amtliche deutsche Übersetzung im Meßbuch – Für die Bistümer des deutschen Sprachgebrauchs – authentische Ausgabe I – allgemeine Einführung S. 19* bis 69*) und in dem Rundschreiben der Heiligen Kongregation für den Klerus an die Vorsitzenden der Bischofskonferenzen für die Sorge um die kunstgeschichtlichen Werte der Kirche vom 11. April 1971 (abgedruckt im Archiv für katholisches Kirchenrecht 140, 1971, 173 bis 175; nichtamtliche deutsche Übersetzung im Pfarramtsblatt 1972 S. 336–338). Das Entscheidungsrecht der kirchlichen Oberbehörden erstreckt sich nicht auf baurechtliche Fragen.

25. Sonstige Bestimmungen

25.1 Auf die Vorschriften des Kommunal- und Stiftungsrechts über die Genehmigungspflicht bestimmter Vorgänge (Art. 75 der Gemeindeordnung, Art. 69 der Landkreisordnung, Art. 67 der Bezirksordnung, Art. 31 Abs. 1 Nr. 4, Art. 31 Abs. 4 und Art. 38 Abs. 1 des Stiftungsgesetzes) wird hingewiesen.

25.2 Die Gemeinsame Bekanntmachung der Staatsministerien des Innern und für Unterricht und Kultus vom 26. November/24. September 1973 (MABl S. 1039, KMBl 1974 S. 222), geändert durch Gemeinsame Bekanntmachung vom 18. Oktober 1976 (MABl S. 870, KMBl I S. 624) wird aufgehoben.

Bayerisches Staatsministerium des Innern
I. A. Dr. Süß
Ministerialdirektor

Bayerisches Staatsministerium für Unterricht und Kultus
I. A. Kießling
Ministerialdirektor

Adressenverzeichnis

Oberste Denkmalschutzbehörde

Bayerisches Staatsministerium für Unterricht, Kultus, Wissenschaft und Kunst
Salvatorplatz 2, 8000 München 2
Tel. 089/2 18 60

Höhere Denkmalschutzbehörden

Regierung von Oberbayern
Maximilianstraße 39, 8000 München 22
Tel. 089/2 17 61

Regierung von Niederbayern
Regierungsplatz 540, 8300 Landshut
Tel. 0871/8 08 01

Regierung der Oberpfalz
St. Emmeransplatz 8, 8400 Regensburg
Tel. 0941/5 68 00

Regierung von Oberfranken
Ludwigstraße 20, 8580 Bayreuth
Tel. 0921/60 40

Regierung von Mittelfranken
Promenade 27, 8800 Ansbach
Tel. 0981/5 31

Regierung von Unterfranken
Peterplatz 9, 8700 Würzburg
Tel. 0931/38 01

Regierung von Schwaben
Fronhof 10, 8900 Augsburg
Tel. 0821/3 27 01

Untere Denkmalschutzbehorden

Alle kreisfreien Städte, Großen Kreisstädte und Landratsämter sind »Untere Denkmalschutzbehörden«

Zentrale Denkmalfachbehörde

Zentrale
Bayerisches Landesamt für Denkmalpflege
Hofgraben 4, 8000 München 2
Tel. 089/2 11 40

Außenstelle Bamberg des Landesamts für Denkmalpflege
Schloß Seehof, 8602 Memmelsdorf
– Abteilung praktische Bau- und Kunstdenkmalpflege für die Regierungsbezirke Oberfranken und Unterfranken
– Abteilung Bodendenkmalpflege für den Regierungsbezirk Oberfranken
Tel. 0951/4 09 50

Außenstelle Bodendenkmalpflege für den Regierungsbezirk Schwaben
Prinzregentenstraße 11a, 8900 Augsburg
Tel. 0821/3 51 80

Außenstelle Bodendenkmalpflege für den Regierungsbezirk Niederbayern
Sigmund-Schwarz-Straße 4, 8300 Landshut
Tel. 0871/8 94 77

Außenstelle Bodendenkmalpflege für den Regierungsbezirk Mittelfranken
Burg 4, 8500 Nürnberg 1
Tel. 0911/22 59 48

Außenstelle Bodendenkmalpflege für den Regierungsbezirk Oberpfalz
Keplerstraße 31, 8400 Regensburg
Tel. 0941/5 31 53

Außenstelle Bodendenkmalpflege für den Regierungsbezirk Unterfranken
Residenz-Südflügel, 8700 Würzburg
Tel. 0931/5 48 50

Stichwortverzeichnis

Bildnachweis

AGA Optronic 69
Arendt, Claus, München 71, 72
Bayerisches Landesamt für Denkmalpflege, München 4, 6, 9, 11, 13, 15, 20, 22, 23, 26, 30–34, 36–45, 47–49, 53, 54, 56–58, 62, 65–68, 70, 79–83, 86–90, 98–103, 107–128, 130, 131, 133, 140–142, 144–148, 150–153, 156–165
Bayerisches Nationalmuseum, München 149 (Foto: Walter Haberland)
Bayerisches Staatsministerium für Landesentwicklung und Umweltfragen, München 21
Bayerische Verwaltung der staatl. Schlösser, Gärten und Seen, München 1
Baur-Callwey, Helmuth, München 8, 27, 50, 51, 143
Baur-Heinhold, Margarete, München 52, 132
Brix, Michael, München 12, 14
Callwey-Archiv, München 135, 136
Fotoarchiv Stadt Augsburg, Hochbauamt, Stadtbildstelle, Augsburg 7
Foto Löbl-Schreyer, Bad Tölz 55
Grützmacher, Bernd, Hamburg 61
Hypo-Kulturstiftung, München 74–78, 84, 85, 91–94, 104–106
Kaleidoskop GmbH, Stuttgart 138
Klöckner, Karl, Hanau (†) 16
Koller, Manfred, Wien 134
Kraft Malerwerkstätte GmbH, Ludwigsburg 139
Linde AG., Höllriegelskreuth b. München 95–97
Lindemann, Hans-Eckhard, Braunschweig 60
Mülbe, Wolf-Christian von der, Dachau 10, 18
Oberste Baubehörde im Bayerischen Staatsministerium des Innern, München 63, 64
Petersohn, Hermann R., Göppingen 154, 155
Photo Gundermann, Würzburg 17, 29
Prähistorische Staatssammlung, München 129
Reiter, Christl, München 28
Schmidt-Glassner, Helga, Stuttgart 137
Steinacker, Ernst, Schloß Spielberg, Gnotzheim 2
Voithenberg, G. u. E. von, München 19
Werner, Paul, München 3, 5, 59, 73
Zunhamer, Martin, Altötting 46